教育部人文社会科学研究青年基金项目（19YJC820006）

警察盘查新论

A New Theory on Police Stop and Search

陈晓济 著

中国政法大学出版社

2020·北京

图书在版编目（CIP）数据

警察盘查新论/陈晓济著. —北京：中国政法大学出版社，2020.12
ISBN 978-7-5620-5238-8

Ⅰ.①警…　Ⅱ.①陈…　Ⅲ.①警察－检查－权力－研究－中国　Ⅳ.①D631.2

中国版本图书馆CIP数据核字(2020)第269012号

书　名	警察盘查新论 JINGCHA PANCHA XINLUN
出版者	中国政法大学出版社
地　址	北京市海淀区西土城路 25 号
邮　箱	fadapress@163.com
网　址	http://www.cuplpress.com (网络实名：中国政法大学出版社)
电　话	010-58908466(第七编辑部) 010-58908334(邮购部)
承　印	固安华明印业有限公司
开　本	720mm×960mm　1/16
印　张	13.5
字　数	200 千字
版　次	2020 年 12 月第 1 版
印　次	2021 年 7 月第 2 次印刷
定　价	68.00 元

目　录

透过盘查洞悉警务规则的嬗变

　　洞见或透识隐藏于深处的棘手问题是艰难的，因为如果只是把握这一棘手问题的表层，它就会维持原状，仍然得不到解决。因此，必须把它"连根拔起"，使它彻底地暴露出来；这就要求我们开始以一种新的方式来思考。难以确立的正是这种新的思维方式。一旦新的思维方式得到确立，旧的问题就会消失；因为这些问题是与我们的表达方式相伴随的，一旦我们用一种新的形式来表达自己的观点，旧的问题就会连同旧的语言外套一起被抛弃。

——维特根斯坦《札记》

　　盘查是一项古老的警察职权行为，在预防发现违法犯罪活动、维护社会安全等方面发挥着重要的积极作用，为世界各国警察所普遍适用。现代社会，警务行为可能嵌入人们社会生活的方方面面，"盘查"作为"街头警务"中最常见的一种行为，每次盘查都是警方对公众生活不同程度的介入，是公众感觉最直观、与之联系最紧密的一种公开警务活动，在某种程度上甚至决定了公众对警察最为直观的印象。

　　作为一种公共警务视阈下的警务活动，盘查措施的不当行使有可能侵害公民的合法权益，如何选取盘查对象以及后续采取何种控制措施、控制措施是否恰当，向来是媒体和公众关注的焦点问题，警察盘查过程中也总是无法逃脱来自公民个体的"为什么要查我""凭什么查我""为什么只查我一个"的拷问。由警察发动的盘查，虽然在整体上看来对公共安全的维护是绝对必要的，但被盘查人站在自己的立场上看，通常都不喜欢成为被盘查的对象，由此带来的警民冲突等街头对抗也不断上演，成为警察权与公民权紧张关系的重要诱因。

中国转型期城镇化进程的不断推进和城镇人口的急剧增加，给违法犯罪活动，变动中的社会秩序需要警察权的有力介入才能形成稳定的状态，社会的稳定确实有赖于严格的社会控制。不过，社会管控的原则应当是"非必要，不干预"，只有坚持这一原则，才能提高警务活动效率，也才能赢得公众的理解与支持。从过去的警务实践看，关于盘查，大部分都很成功，但也存在一些问题。成功在于绝大多数盘查都能依法进行；主要问题在于，法律在关于盘查的启动和范围的规定上，有时不甚明确，不利于实践中操作，[1] 在盘查对象的甄选、盘查措施的适用以及盘查正当法律程序上，存在不明确、不规范之处，有侵犯公民正当权利之虞。

笔者以为，警察行为的研究如果按照行政管理或法律约束来分类的话，约略可以分成"警务策略"及"警察权限"两个学术领域，前者所谈的多是警察如何运用行政管理的方式来达成警察任务，后者所谈的多是警察限制公民自由的行为其法律依据何在的问题，两者区别的关键在于前者的核心理念为"效率"，故坚持手段和措施的实用主义，后者的核心理念则为"正当权利"，其所论的结果必为"限制警察权力的行使"。

长期以来，"警察权限"领域的研究一直占据我国警察权的学术研究中心，受此影响，警察盘查的理论研究也同样如此。针对盘查效果的学术争论、盘查对象歧视性批判以及诸如盘查启动标准模糊、程序过于宽泛以及救济手段有限等问题一直是警察盘查研究中学者无法绕过的问题。[2]

---

〔1〕 "警察权探微之二：盘查"，载中国社会科学网，http://www.cssn.cn/fx/fx_fjgg/201402/t20140227_1005144.shtml，最后访问时间：2020 年 6 月 28 日。

〔2〕 通过"中国知网"检索发现，国内较早关注警察盘查问题的是 1992 年康大民、吕承忠、汪勇、张凯等人的《治安巡逻中的盘查》一文，其后万毅、高文英、高峰、余凌云等学者对警察盘查问题进行了深入研究（参见康大民等："治安巡逻中的盘查"，载《公安大学学报》1992 年第 1 期，第 20-24 页；万毅："论盘查"，载《法学研究》2006 年第 2 期，第 126-137 页；

我国警察法学曾长期处于西方法制经验引进和借鉴阶段，西方国家对警察盘查的严格规制，使得我国学者对实践中盘查权滥用的"集体指责"似乎成为研究盘查问题的逻辑起点和政治正确。

但更多地关注盘查实践运行的"警务策略"研究者则认为，执法实务中这种针对警察盘查乃至于整个警察权的极致合规性控制，已经难以满足风险社会警察维护社会安全的任务需要，过分限缩的警察权很难保障警察任务的高效实现。"限权虽然能一定程度上解决盘查权滥用，保障公民自由，可是由于限制，盘查的功能也会被极大地削弱，公民的安全问题就会凸显，通过限制盘查启动权这种一刀切的方式解决盘查滥用的问题无异于削足适履。"[1]

警察盘查的实践与学术研究乃至于制度设计之间的背离，使得对盘查制度的系统性研究似乎成为一个无法突破的障碍，这种问题在整个警察权研究中也同样存在，"扩权"与"限权"的冲突陷入一种无法找到有效路径的"囚徒困境"。长期以来"警务策略"及"警察权限"领域难以达成共识，警察权"不能太多也不能太少"的感性认知虽然得到双方认可，但在理论和法律上实难形成固定的规则和可量化的操作标准。

以"盘查"为对象审视街头警务的嬗变，是洞悉警务运行规则的绝佳样本，也是分析"警务策略"及"警察权限"学术领域相互对立及探寻其背后原因的有效例证，如此，方能从更为客观、更为理性的层面审视我国警察盘查乃至于整个警察权运行中的深层次逻辑。同时，在对盘查制度的比较研究中，我们越来越发现域外经验和法律制度的直接引进和借鉴，已经无法适应我国警察法的未来发展，域外关于盘查的研究并不能解决中国盘查中的现实问题。

（接上页）高文英："我国警察盘查权运行及其理论研究现状"，载《中国人民公安大学学报（社会科学版）》2006 年第 4 期，第 11-23 页；高峰："比较法视野下的盘查措施"，载《现代法学》2006 年第 3 期，第 137-144 页）。

　　[1] 陈慧君、李浩："我国盘查权规范化路径的反思与再选择"，载《中国人民公安大学学报（社会科学版）》2019 年第 1 期，第 113 页。

笔者以为，盘查制度乃至于整个警察法的研究必须实现转向，要从域外法的引鉴转向中国执法场景的应用，要从法的供给研究转向法的实施研究，从立法论转向解释论。同时，研究发现，针对警察权乃至于整个行政权的传统"合规性"控制未能关切中国现实，理论上呈现某种"自说自话自娱自乐"的倾向，在迈进风险社会的时代背景下，传统警察学理论研究愈发难以满足维护公共安全职能和警察任务的需要，警察权的研究范式同样需要转型。

一、问题的提出：从域外"制度移植"到本土"场景应用"的研究转向

任何看似理性的解释在形象的直觉感悟面前都显得简单、枯燥甚至是拙劣。作为一种常见的街头警务活动，警察盘查不仅能被公众直接感知，也是学界长期关注的理论问题。

笔者在对中国暴力袭警以及警民冲突进行调查研究中发现，警察盘查过程中引发警民冲突的比例远高于其他场景。近年来警察执法领域引起社会广泛关注的"北京雷洋案"[1]"上海警察绊摔抱娃女子

---

[1] 2016年5月7日晚，根据北京市公安局昌平分局专项行动部署，东小口派出所时任副所长邢某某带领民警孔某、辅警周某、保安员孙某某和张某某等人在昌平区龙锦三街涉黄足疗保健店附近执行便衣蹲守、打击任务。当晚21时许，雷某在位于龙锦三街的足疗保健店接受有偿性服务离开时，被邢某某等人发现。因怀疑雷某有嫖娼行为，邢某某等人立即追赶，示明警察身份后进行盘查。因雷某试图逃跑，遂对其拦截并抱腰摔倒。在制服和控制雷某过程中，邢某某等人对雷某实施了用手臂围圈颈项部、膝盖压制颈面部、摁压四肢、掌掴面部等行为，后邢某某违规安排周某、孙某某、张某某独立驾车押送。在车辆行驶至龙锦苑东五区南门内丁字路口西侧转弯处时，雷某试图跳车逃跑，并呼喊挣脱。邢某某等人再次对雷某进行制服和控制，并使用手铐约束，再次向雷某示明身份。其间，邢某某等人对雷某实施了脚踩颈面部、强行拖拽上车等行为，致使雷某体位多次出现变化。后雷某出现身体瘫软和不再呼喊挣脱等状况，邢某某等人在发现雷某身体出现异常后，未及时进行现场急救、紧急呼救和送医抢救。待后送到医院抢救时已无生命体征，于当晚22时55分被宣告死亡（参见北京市人民检察院相关案发过程说明，载新浪网，http://news.sina.com.cn/c/nd/2016-12-23/doc-ifyxyxusa4988114.shtml，最后访问时间：2020年6月28日）。

案"〔1〕等案例，都可以从警察盘查权的运行及其背后的街头警务规则进行审视，人们在坚持需求真相的同时，也在制度上不断探寻与每一个公民权利密切相关的警察盘查权的边界在哪里。

社会舆论对警察盘查随意性、过度暴力性以及合法性的探讨，事实上与作为执法者的警察个体对盘查的认知存在巨大鸿沟，理论上对盘查的学术关注和研究，最后总是陷入警察盘查"启动条件单一、盘查对象随意、程序不完善、救济不到位"等诸多问题的集体指责，而最终提出的对策也无外乎要加强立法、规范程序、保障救济等惯有的范式和路径，本质上仍是传统行政法学的"合规性"控制思路在警察行政领域的映射，使得警察盘查制度研究长期以来一直难以取得重大进展和突破，无法适应动态、多元的执法现实。

上述问题不单在警察盘查领域存在，其背后有更为深刻的原因。陈甦在《体系前研究到体系后研究的范式转型》一文中指出，改革开放以来我国法律体系形成过程的特点，造就了同时期法学研究的"立法中心主义"特征，具体表现为以功能设计与规范建构为路径的立法论研究范式、大规模引进域外立法材料引致的外源型研究范式、基于立法引导型建构的学术导向范式。这种"立法中心主义"的研究为法律体系的建构和充实作出了

----

〔1〕　2017年9月1日上午10时30分许，松江公安分局交警支队民警朱某带领一名辅警在松江涞坊路、九杜路路口东200米处，对一辆停留在人行道上的小轿车开展违法停车整治。朱某按规定拍照取证、开具罚单时，车主张某怀抱一儿童过来阻止。在朱某继续开出罚单后，张某开始纠缠民警，并将贴在车上的罚单撕下捏在手中。朱某告知张某如不服处罚可提请行政复议，后带领辅警驾车欲驶离现场。张某追至警车旁，采取扒车门、拉扯后视镜、用身体顶住副驾驶车门等形式阻止警车驶离。朱某即下车警告张某不得阻碍人民警察执行职务，张某不听劝告开始威胁以推搡执法民警。民警朱某警告未果，在张某第三次推搡民警时，未顾及张某手中怀抱儿童的安全，采用粗暴的方式将其控制，致使张某怀抱的儿童跌落在地。朱某和辅警合力将张某控制后，朱某才抱起跌落的儿童。事后，警方即将儿童和张某送医，经上海市第一人民医院和闵行区中心医院医生全面检查，儿童手臂表皮擦伤，张某面部、颈部软组织挫伤。上午，松江公安分局再次向儿童母亲询问儿童的伤势情况并致歉，根据案件实际情况，松江公安分局依据《公安机关人民警察纪律条令》对涉事民警朱某作出行政记大过处分，依据《中华人民共和国治安管理处罚法》（以下简称《治安管理处罚法》）对涉事女子张某作出警告的处罚决定（参见"上海警方通报绊摔抱娃女子事件处理结果：涉事民警行政记大过"，载中青在线，http://news.cyol.com/content/2017-09/03/content_16464119.htm，最后访问时间：2018年6月5日）。

重大贡献。然而，在"中国特色社会主义法律体系已经形成"的大背景下，[1]"体系前研究范式"隐含的学术缺陷也日益明显，难以满足法治不断发展的需求，有必要向"体系后研究范式"转型。在建构体系后研究范式时，应确立以中国问题为中心的学术取向、立足中国场景发现和讨论中国问题、基于平等心态拓展法学知识的域际交流、开展问题导向的新综合研究、赋予解释论研究以应有的时代使命。[2]以移植和借鉴为主要研究路径的我国警察法，愈发难以解释、说明和指引我国警察执法的复杂场景，其转型愈显迫切。

通过对街头警务规则和现实盘查权运行的观察发现，学界基于西方法治引鉴中形成的对警察盘查权的"集体偏见"及其开出的良方，并未实现规范与高效的理想目标，实践与学术、现实与制度的背离在警察盘查领域表现得愈发明显，当前仍然缺乏对盘查权的系统性研究，也未能注意街头警务中盘查的运行规则，其提出的对策难以满足多元时空背景下警务活动的现实需求。

学界一直倡导的限制盘查权就一定能够解决盘查滥用的问题吗？又如何在限制盘查权与保障公民安全和公共安全之间寻求"黄金分割点"？在当前全球恐怖主义和风险社会交织的时代背景下，限制盘查权乃至于整个警察权是否就是一种最为理性和符合现实的选择呢？上述问题亟需在理论上进行探讨和澄清。

"自20世纪90年代以来，在全球化背景下，中国法律改革出现新的趋势，为了适应国内的需要和回应全球化的挑战，中国当代的法律移植进入一个新的阶段。"[3]长期以来警察法领域这种以西方法律为研究参照所形成的研究借鉴，通常是对西方相关或类似理论的参考和制度借鉴，但在此

---

〔1〕吴邦国："在形成中国特色社会主义法律体系座谈会上的讲话"，载《中国人大杂志》2011年第2期，第10-16页。

〔2〕陈甦："体系前研究到体系后研究的范式转型"，载《法学研究》2011年第5期，第3-19页。

〔3〕高鸿钧："法律移植：隐喻、范式与全球化时代的新趋向"，载《中国社会科学》2007年第4期，第116-129页。

过程中却有意无意地忽视了更为重要的中国"场景应用"研究。所谓"场景应用",是"指一个具体法律所要规范的情形在我国社会中还没有发生过,我们根据别的国家或地区已发生过的社会生活场景,推测在我国也会发生同样的社会生活场景,因而就此社会生活场景抽离出具有法律意义的假定情形,再有针对性地制定相应的法律规范"。[1]制度的有效性必须立基于该制度赖以生存的文化、传统、习俗等社会环境,"橘生淮南则为橘,橘生淮北则为枳",基于西方盘查模式、盘查理论和盘查规范来审视我国实践中的警察盘查问题,愈发不能满足当前我国警察执法的社会环境和复杂场景,对警察盘查的比较研究能够发现,中国警察法的学术研究路径必须实现转型,以更好地适应中国社会的警察执法。

警察盘查权只是诸多复杂的警察权中的一部分,当前警察盘查制度中存在的诸如"理论与实践的脱节、制度与运行的冲突"等问题,同样在警察法其他研究领域存在,笔者以为其背后的根本原因在于学者未能在引鉴过程中同步深入探讨制度和法律的中国"应用场景",长期以来潜意识中以外国法治为研究的假设形成了一种学术导向机制,对公权力的高度警惕和绝对限制思路成为一种基本的学术正确。随着我国法律体系的健全,那种大规模、高密度的"成建制"立法时期已经成为历史,虽然立法任务依旧繁重,但立法的理念、重点、方式等也发生了转型,已朝着具体法律的"中国应用"方向迈进,"立法材料的进口需求锐减,立法对域外资源也由量上的迫切需求转为质上的优化满足。那种知识转述式的外源型法学研究,将会在理论界和实务界逐渐失去知识魅力与实践效用"。[2]

笔者以为,以日常警务最为普遍和常见的"盘查"为对象进行系统研究,不仅为我们提供了管窥纷繁复杂的警务实践的镜子,而且成为洞见未来警察学术研究转型的重要观测点。当前,我国警察权研究尚未完全超越对外国法治经验的引进借鉴,但改变已经发生。同时,21世纪以来,

---

[1] 陈甦:"体系前研究到体系后研究的范式转型",载《法学研究》2011年第5期,第3-19页。

[2] 陈甦:"体系前研究到体系后研究的范式转型",载《法学研究》2011年第5期,第11页。

全球恐怖主义和风险社会交织孕育了当代警察法积极预防风险的时代任务，预防性警察任务的趋向愈发明显，"盘查"作为警察权迈向社会的"第一步"以及其自身的预防性特质在社会实践的诸多面向得以展开，巡逻勤务领域、维护国家安全领域、反恐领域、重大活动安保领域等诸多领域警察任务均呈现主动触及和提前介入的趋势，"警察"事实上行使着一系列超越文本意义上的"前沿权限"。

作为处于"前沿权限"最前端的盘查权，跳出传统行政法学"合规性"控制思路的局限，将盘查制度的研究放到预防性警察任务、街头警务运行规则乃至于风险社会警察任务再造的背景中去系统性审视，不仅能够提供观察我国街头警务规则运行的独特视角，为我们提供完善盘查制度的理论探索，更为重要的是能够为我们呈现警察学研究转向的一个生动实践。

二、盘查权"合规性"控制与多元警务活动需求的悖论

我国公法意义上的警察概念自清末民初外引以来，中间多有波折，发展也并不充分。在时空的交互影响下，便不免一方面带有现代化的进步倾向，而另一方面却摆脱不了传统的影响。再加上时间过于短暂，一时无法进行充分的调整与适应，使得我国警察权长期以来带有一种粗糙和过度的色彩，这种状况必然投射到警察盘查权研究领域。

时至今日，在"循法而治"的总体法治图景下，学界将西方自由法治国时期行政法的"合规性"控制复制到警察行政法领域，[1] 使得我国警察行政法成为传统行政法总论模型下的套用产品和概念游戏，并没有关照警察权在国家治理体系中的独特性和中国警察权政治性的社会现实，也未能充分回应现实社会的多元警务活动需求。笔者以为，将警察盘查制度纳入更为宏大的"警察权"抑或"警察行政"的视角进行分析，能够更清晰

---

〔1〕 蒋勇："从合规性到正当性：我国警察法治体系的重塑——基于'新行政法'理论的展开"，载《中南大学学报（社会科学版）》2017年第2期，第85-93页。

地呈现当前警察盘查中的诸多问题。

（一）"监控者"角色复制：传统行政法对警察行政的影响

当前我国行政法的基本格局奠定于 20 世纪 80 年代，深受大陆法系的影响，在对西方行政法学说进行译介、学习和移植的过程中，逐步构建出有别于苏联"国家法"的行政法学体系，有力地推动了我国行政法学的发展。作为部门行政法的警察行政法研究，基本遵循了传统行政法体系，直接将行政法中的概念、原则、框架乃至于方法移植到警察行政法中，成为行政法的套用产品。问题在于，处于行政法"套子"之中无视社会现实而沉溺于理论构建的警察行政法学，其合理性和有效性值得怀疑，自然也难以切中肯綮，无法提出解决中国警务问题的有效方案，这在警察盘查领域表现得同样明显。

这种偏重概念演绎和逻辑自洽的简单移植，忽视了制度的时代背景和本土生成。回顾 20 世纪 80 年代我国行政法的历史，在对大陆法系行政法的学习中不得不提的重要人物就是德国行政法学鼻祖奥托·迈耶，其学术成就不但对德国而且对法国、日本和中国也影响深远。[1] 但奥托·迈耶时代行政法的基本目标在于克服专制国家行政的弊端以建立法治国家，尤其强调行政的合法性，内在秉持对行政的不信任，"监控者"立场是当时最优的理性选择。彼时，缘起于以控权为核心观念的传统行政法，以行政权的消极防范为目的，以控制行政权的滥用为核心，将焦点集中在合法性管制上，以法律效力为中心展开相关讨论，努力实现行政机关"传送带"（Transmission Belt）作用的精准发挥，确保行政权的"不越权"和"不滥用"。在法学方法论上的结果就是行政法学将自身视野限定于深化对法律的解释和对法律进行技术上的分析、构筑法律体系、维持合法性，并以其作为裁判规范学而得以高度发展作为追求目标。[2]

---

〔1〕　陈新民："德国行政法学的先驱者——谈德国 19 世纪行政法学的发展"，载《行政法学研究》1998 年第 1 期，第 39 页。

〔2〕　［日］大桥洋一：《行政法学的结构性变革》，吕艳滨译，中国人民大学出版社 2008 年版，第 1 页。

毋庸讳言，以控权为核心的传统行政法对保障人权起到极其重要的作用，其重要性如何强调都不为过。但时代的发展也使得这种严格乃至于"偏执"的控权模式日益暴露其内在的缺陷，"平衡论"的盛行本质上是一种纠偏，"传统行政法的致命缺陷，就在于它无法保证行政机关积极有效地履行法律义务"。[1]因此，在已然步入风险社会的当下，为应对风险的不确定性，各国在对行政机关进行授权时，立法机关越来越倾向于采用模糊性的概括性规定，"根据宽泛的立法指令而实施的行政行为大幅度增加，以往既有的司法控制原则是否继续有效由此面临挑战"。[2]此时，传统行政法处于崩溃境地，一直依附于行政法而从未独立发展的我国警察行政法学自然也难以适从，必然要从偏重法解释学转向偏重法政策学的发展方向，回归客观主义的倾向。

沈岿在《监控者与管理者可否合一：行政法学体系转型的基础问题》一文中深入分析了"监控者"在传统行政法中主角地位的发挥以及"管理者"角色在新行政法中弱势带来的影响。[3]这种分析思路同样适用于警察行政乃至于警察盘查的分析，当前"关于警察的评论文章都有一个共同的倾向：削弱警察任务作为政治文明质量源泉和象征的重要性"。[4]"监控者"角色至今仍是大部分警察行政法学者的"理论自觉"和"政治正确"，笔者归纳出其在警察行政中的具体映射为以下方面。

第一，警察机关决定给予公民个人的制裁，必须得到立法机关的授权，授权的方式是制定控制警察权的规则，警察行政法的根本任务在于将警察权关进法治的笼子，以实现对警察权的监视、规训和控制，只有被驯服了的警察权，才能保障公民权。因为警察权力与公民权利在一定条件下

---

〔1〕 李洪雷："中国行政法（学）的发展趋势——兼评'新行政法'的兴起"，载《行政法学研究》2014年第1期，第115页。

〔2〕 [美] 理查德·B.斯图尔特：《美国行政法的重构》，沈岿译，商务印书馆2011年版，第3页。

〔3〕 沈岿："监控者与管理者可否合一：行政法学体系转型的基础问题"，载《中国法学》2016年第1期，第114页。

〔4〕 [英] 罗伯特·雷纳：《警察与政治》，易继苍、朱俊瑞译，知识产权出版社2008年版，第23页。

成反比例关系，即警察权的扩大意味着公民权的缩小，警察权的滥用往往使公民权化为乌有。在这里存在一个警察权的悖论：一定限度内的警察权是保障公民权所必需的，而超出这种限度的警察权，则有侵夺公民权之虞。[1] 如何实现对警察权的控制？法治国家必须寄托于立法机关来设定驯化的基本规则。

第二，立法机关欲实现对警察权的驯化，必须对该警察权失范现象本身（结果）、造成该现象的原因以及二者之间的因果关系等要素，在现行理性认知或科学知识的基础上进行确定，以确保人民基本权利免受不当或过度的侵害（原因、结果、因果关系三要素同时要求）。因此，国家公权力介入私权利时，首要的前提就是确立确定性的基本规则，以确保事后司法审查的"合法性"。

第三，徒法不足以自行，为实现对警察权的驯服，必须建立尽可能中立的监督机制，法治国家承担这种责任的最优化选择就是司法审查，只有强化司法对警察任务实现和警察权行使的审查，才能保证立法机关制定的法律得到不折不扣的确认、遵守和执行。并且，为了确保警察权遵循立法要求，司法审查必须是可以获得且是便利的。法院的功能在于遏制，司法审查的指向在于把警察机关禁锢于立法机关所颁发的指令范围之内。[2]

第四，为保证警务活动严格按照设定好的立法规则予以运行，理想状态就是警务活动成为制定法的"传送带"。警察公权力的发动要件是否具备、相关事实是否厘清、证据资料是否必要和充分，必须依据既存知识经验（经验法则与伦理法则）进行合理判断（证明），否则即可能有违法之虞。

第五，警察行政法的公法属性决定了其与私法之间具有绝对的界限，"风能进，雨能进，国王不能进"，警察任务不得涉及公民个人私领域，否则即有越权嫌疑。西方古老的公法——私法二元划分理论一直焕发着理论

---

[1] 陈兴良："限权与分权：刑事法治视野中的警察权"，载《法律科学·西北政法学院学报》2002 年第 1 期，第 52 页。

[2] [美] 理查德·B. 斯图尔特：《美国行政法的重构》，沈岿译，商务印书馆 2011 年版，第 11 页。

活力，成为警察执法中的自觉遵守，"陕西延安黄碟案"之后，公民私领域更是上升到"卧室里宪法权利"的高度。[1]

第六，司法对警察行政的审查陷入一种"病理性"分析状态，关注的核心是形式法治，以行政行为的合法性、确定性、稳定性等形式理性约束警察行为，"确保行政权的活动与立法指令的一致性"，[2]对警察任务具体如何实现则不太深究。"循法而判"带来教条化和僵化的"循法行政"，"既有法学方法上的形式框架难以容纳现代行政所需要的政策目的"，[3]"超级玛丽案"的发生虽然引起对警察机械执法的反思，[4]但依然难以扭转警察个体机械理解警察任务的社会现实。

应该说，上述表现"既非无目的的随意性产物，也非为单一历史要素所决定，但其最终的形成无疑是以驯化和监控行政以使其合法为核心宗旨

---

〔1〕 林来梵："卧室里的宪法权利"，载《法学家》2003年第3期，第15-19页。

〔2〕 王锡锌："英美传统行政法'合法性解释模式'的困境与出路——兼论对中国行政法的启示"，载《法商研究》2008年第3期，第95页。

〔3〕 朱芒："中国行政法学的体系化困境及其突破方向"，载《清华法学》2015年第1期，第6页。

〔4〕 2006年3月21日凌晨0时30分许，刘然因长时间与罗惊、韩萱（北漂歌手，名为"超级玛丽"组合）联系不上，十分担忧两人的安危，唯恐她们来京后人生地不熟、发生什么口角或者意外（比如煤气中毒），因此拨打110报警。民警赶到罗惊、韩萱租住的房屋，和刘然用力敲门，并当场拨打两人的手机，但听到手机在屋中响，却无人应答。警察和刘然在门外也没有闻到煤气味。刘然问警察："能否破门而入。"警察拒绝道："你不是房屋的居住者，不是房东，也跟她们没有直系亲属关系，你不能破门而入！"认为还不能断定当事人出事，不排除当事人临时出门、将手机落在家里等可能。由于时值深夜，他们无法找到房主，直至当日清晨8时许通过电话联系上房东，在房东通知下才由持有钥匙的邻居打开屋门，发现屋内弥漫大量煤气，罗惊、韩萱已经昏迷。经医院诊断为急性一氧化碳中毒，病情十分危急，据说"成为植物人是最好的结果，成为痴呆人就是奇迹了……"2002年引起巨大反响的"陕西延安黄碟案"在2006年3月1日实施的《治安管理处罚法》中得到强调，第87条明确规定"检查公民住所应当出示县级以上人民政府公安机关开具的检查证明文件"。但就在该法正式实施的同日便发生了"超级玛丽案"。为纠正这种状况，2012年修订的《公安机关办理行政案件程序规定》第68条对公民住所的检查进行了修正，在"有证据表明或者有群众报警公民住所内正在发生危害公共安全或者公民人身安全的案（事）件，或者违法存放危险物质，不立即检查可能会对公共安全或者公民人身、财产安全造成重大危害"的情况下，经出示警察证可以当场检查，无需检查证。该规定是基于风险社会预防性警察任务实现的现实回应，具有合理性，但却与上位法《治安管理处罚法》的规定相违背（具体案情参见杜文勇："论危险状态下公民生命权的保护——'超级玛丽'案的启示"，载《江淮论坛》2010年第1期，第118页）。

和依归的"。[1]按照这种分析逻辑，面对风险社会的"不确定性"难题，国家无法放任不管任由社会和个体来承担风险结果，但在传统"监控者"范式下，必须在有限且日新月异不断变化的经验知识前提下，搜集处理复杂而庞大的资讯并实现确立确定性的规则，其结果就是在推翻已有规则的过程中不断确立新的规则，这显然是不可能完成的任务。

笔者以为，上文提及的当前学界对警察盘查权的"集体偏见"，其根本原因就在于传统行政法的"合规性"控制思路，立基于此的警察盘查"启动条件单一、盘查对象随意、程序不完善、救济不到位"等问题的"集体指责"也就顺理成章了，而其提出的对策则仍然无法逃脱上述"合规性"路径，使得对警察盘查权的研究陷入了学术上的"自娱自乐"而无法提出有效解决我国警察权诸多问题的建设性路径。

（二）"内卷化"："合规性"控制的功能障碍

法治的细密、司法审查的严格、内外部监督的强化都未能将实践中桀骜不驯的警察权纳入法治的轨道，这是我国警察行政理论与实践呈现出"张力"的异常吊诡之处，也是学者感觉最为无力之处。实践运行中的警察盘查权依然会争议不断，失范的问题并没有从根本上得到解决。同时，"监控者"角色还衍生出一系列福柯式权力规训结果：警务活动呈现"内卷化"、警察执法环境普遍不佳、执法权威性不高、警察信任危机、执法考核走向极端等。这些问题均在我国不同程度地存在，成为当前警务中的普遍性难题。

"内卷化的核心要义是指一种社会或政治、经济、文化模式发展到某个阶段形成一定的形式后就停滞不前，只是在内部变得越来越复杂而无法向新的、更高级的形式变迁的状态"，[2]我国警察行政显然正处于这种"无发展增长"（Growth without Development）状态中。"合规性"控制带来

---

〔1〕 沈岿："监控者与管理者可否合一：行政法学体系转型的基础问题"，载《中国法学》2016年第1期，第115页。

〔2〕 蒋勇："何以'内卷化'：我国警察权控制格局的审视——一种政治社会的视角"，载《东方法学》2016年第5期，第98页。

警务"内卷化"的根源在于行政法旧有控制模式的移植和警察内部控制的过分精细。传统"监控者"角色定位在我国警务实践演进过程中逐步形成具有中国特色的合规性路线，比如公安机关内部科层监控下的权力规训、结果导向型的控制方式、警察自由裁量权的基准控制、执法考核的绩效控制等，均使得警察任务朝向按照法律预设的模式、程序、规则、轨迹发展，实现一切警务活动必须要有法律的明确授权、一切警察权力的行使必须遵循法律规定的程序、一切警察权力的行使必须受到监督和制约的执法体制和运行机制。其目的就是使警务活动成为一种自动售货机式的公共产出，[1] 这种"理想式"控制下衍生的警务活动僵化和机械化的副作用成为难以避免的结果。

"作为秩序行政功能核心的警察行政，业已发展成熟完备甚至成为法律控制密度最为严格的领域"，[2] 这种细密的"合规性"控制进路在实践中使得警务活动陷入"科层监控"下的权力规训境地，作为街头警务一种的警察盘查更是如此。韦伯认为，科层制不是指一种政府类型，而是指一种由训练有素的专业人员依照既定规则持续运作的行政体制，其具有专门化、等级制、规则化、非人格化的优势。[3] 改革开放以来我国警务活动的规制正是遵循了这种"合规性"科层监控的逻辑，这种路径对于在一个现代法治传统尚不发达的国家快速建立起"正规化、专业化、法治化"的公安机关体系起到非常重要的作用，但也显现出官僚科层制的"垄断权力逐级复制、从'向上负责制'到'向直接上级负责制'、规则的尴尬"等问题。[4]

福柯也指出："现代社会所形成的规范、标准，塑造了人的灵魂，支

---

〔1〕 蒋勇："从合规性到正当性：我国警察法治体系的重塑——基于'新行政法'理论的展开"，载《中南大学学报（社会科学版）》2017年第2期，第87页。

〔2〕 朱芒："中国行政法学的体系化困境及其突破方向"，载《清华法学》2015年第1期，第17页。

〔3〕 王春娟："科层制的涵义及结构特征分析——兼评韦伯的科层制理论"，载《学术交流》2006年第5期，第56页。

〔4〕 周雪光："国家治理逻辑与中国官僚体制：一个韦伯理论视角"，载《开放时代》2013年第3期，第18-20页。

配了人的行为，控制着人的活动，从而发挥着比暴力或直接压制更为有效的权力效应"，[1] 科层监控下的各种规范和标准有助于提高警察专业化技能，但无助于解决当下警察任务所面对的社会困境。被纳入高度科层化官僚体系的警察机构，成为以追求法律标准和内部准则为基础的普遍主义理性决策，"书本上的法"与"行动中的法"愈行愈远，意外地改变了警察和公众的关系，科层式、职业化的警察结构"成功脱离了社区和公众"，[2] 这也正是西方"社区警务"运动肇始的主因。

基于中国警察与国家治理、社会生活之间的关系异常复杂的现实，对于动态发展中的警察权，传统事前的立法监控和事后的司法监控越来越困难。我国大量影响公民权的行政性强制行为，除少数进入司法审查外，基本均由公安机关内部监控，"行政首长审查"之于传统"法院法官审查"发挥的范围更广、作用更明显、影响更大，内部监控事实上成为规范警察权运行的制度关键，但公安机关的内部监控进一步推动了"合规性"控制下警察权的"内卷化"发展。

从 21 世纪开始，规范化建设成为我国公安机关执法活动的主线。2016年中共中央办公厅、国务院办公厅印发《关于深化公安执法规范化建设的意见》，针对规范盘查运行的各种内部制度规范也是汗牛充栋。规范化要实现"执法队伍专业化、执法行为标准化、执法管理系统化、执法流程信息化"的目标，本质上是认识到立法控制和司法控制的局限，转向公安机关内部构建细密而完整的"合规性"控制方向的努力。"规训性权力机制……通过规范化的监视、检查、管理来运作，这是一种轻便、精致、迅速有效的权力技巧。"[3] 警务督查机制、执法质量考评机制、ISO 国际质量认证体系、当事人满意度评价等诸多配套措施成为执法规范化的重要保障，公安机关内部大量的红头文件、执法手册、执法细则、自由裁量基准也成为警

---

〔1〕　陈炳辉："福柯的权力观"，载《厦门大学学报（哲学社会科学版）》2002 年第 4 期，第 90 页。

〔2〕　Walker, S., *The Police in America: An Introduction.* Mc Graw-Hill Book Company, 1983.

〔3〕　陈炳辉："福柯的权力观"，载《厦门大学学报（哲学社会科学版）》2002 年第 4 期，第 89 页。

察执法的指引。这种"精细化"执法具有正反两方面作用，但如何合理游走在"规范与僵化之间"，避免"可能产生的裁量不能很好回应复杂现实的僵化问题"，[1] 是中国警务运行中必须直面的重要问题。

首先，以盘查为例，我们认为伴随着"合规性"控制的不断强化，警察现场盘查的执法权威理应同步提高，但事实恰恰相反，随着法治进程的不断推进，我国警察执法的现场权威呈下滑之势，警察甚至成为这个时代的"弱势群体"。"合规性"控制不仅为执法者提供了基本遵循，同时也为控制的利益对象——行政相对人提供了"越轨博弈"的制度基础，增强了对科层监控下警察执法的"不信任感"，进一步加剧了"合规性"控制中博弈的复杂性。

笔者发现，面对盘查过程中老百姓的"讨价还价"，警察个体基于严格追责和考核、投诉的担忧，有时会一再退让乃至于放纵违法，此时警察执法权威的弱化就难以避免。警察盘查权的合规性控制与警察执法权威的弱化构成了警察行政法治中的二律背反，"打不还手骂不还口"的"卑贱式执法"不仅源于公安机关的内部要求，也外溢为人民群众的"生活常识"而深深嵌入民众的思想深处。

警察权事实上的扩张并未及于警察执法权的保障，依然需要公安部专门制定"公安机关维护民警执法权威工作规定"，这种"规定"本身就是"合规性"控制的产物。诚然，不排除警察执法被民众蒙冤的可能，更不排除警察在执法时可能存在违规违法现象，被执法者当然有权通过"讨价还价"的方式去维护自己的合法权益，但在一个以严密性"合规性"控制为主轴的法治国家，这个"讨价还价"的过程不是应该发生在法庭上而非执法现场吗？

其次，"合规性"控制容易导致执法质量考核走向极端。执法质量考核是公安机关内部提高执法规范化的重要方式，其本身是一种结果导向型的控制方式，是管理学中行政绩效在警务执法中的应用。但管理学也认

---

〔1〕 余凌云："游走在规范与僵化之间——对金华行政裁量基准实践的思考"，载《清华法学》2008年第3期，第54-80页。

为，"许多工作结果并不一定是个体行为所致；员工在工作中的表现不一定都与工作任务有关；过分关注结果会导致忽视重要的过程，不适当的强调结果可能会在工作要求上误导员工"。[1] 极致"合规性"控制下的执法考核制度过分关注结果，某种程度上忽视了执法过程的重要性，警务活动常常成为静态数据和材料的"可视化"排名，比如实践中的"立案数""打处数""移送起诉数""刑拘数"等易于数字化的排名成为组织衡量个体执法的重要标准。笔者在访谈中曾了解到，某分局年度办案数量最多的三名警察均在年终质量考核中因为"扣分"沦为年终考核末尾而被取消年终奖，考核可能出现"鞭打快牛"的结果，这种"合规性"控制可能会超出制度设计者的预想。

近年来中国警务实践表明，并非制度越多执法越规范，相反，过密的规制会使警察任务陷入"内卷化"，逐渐丧失其架构化警察措施的规范效力问题，"处警十分钟，材料一小时"的现实就是当前"合规性"控制的生动写照。实践中警务暴露的问题越多——理论上认为制度和规范层面的"合规性"控制就越重要——体制内外（比如媒体等体制外主体）对警务活动进行更为严格的规范以满足合法性需求——更加依赖警察个体的执法行为实现执法正义的结果输出而回避组织和范式层面的内在缺陷——规范性文本的大量出台和精细化考评机制的涌现——警察任务旧有控制模式不断复制。[2] 传统行政法范式下警察权的合规性控制在警察盘查领域得到异常明显的体现，其结构就是功能上的困境导致相关问题陷入无增长的不断循环中。

（三）形式法治：权力规训下警察权的僵化

警察任务决定了警察职责，有什么样的任务就应匹配什么样的职责，超越任务的职责和削弱任务的职责都无助于警察目的的实现。《中华人民共和国人民警察法》（以下简称《人民警察法》）对警察任务的描述是概

---

〔1〕　林新奇编：《绩效考核与绩效管理》，对外经济贸易大学出版社2011年版，第5页。
〔2〕　蒋勇："何以'内卷化'：我国警察权控制格局的审视——一种政治社会的视角"，载《东方法学》2016年第5期，第102页。

警察盘查新论

括式的，〔1〕"维护""保护""预防、制止和惩治"等术语以及"救助""帮助"等表述是一种不确定的法律概念，〔2〕但基于警察任务衍生的警察职责则采用列举式。从立法角度看，警察任务的概括规定是法律抽象性以及立法能力有限导致的结果，这种概括性同时具有积极和消极两方面的意义：积极意义在于概括性条款有助于警察任务面对复杂社会现象的灵活反应，为警察任务的正向发挥预留足够的空间和措施；〔3〕从消极方面看，这种不确定性的规定有可能导致警察执法中的无所遵循，导致警察任务的规定仅具概念意义而被虚置。据笔者访谈多位一线警察得知，作为个体意义上的警察在执法时可能会对列举式的警察职责有所了解，但概括性规定的警察任务在实际执法中基本不会被提及，使得我国警察法中的任务条款更多的是起到一种宣示作用，难以成为警察执法尤其是复杂环境下执法的指引和依据。

基于传统警察行政"合规性"控制的逻辑主轴，立法、司法、公安机关等的细密控制，使得诸如层级监视、规范化裁决以及检查等手段制造出的个体执法者，只能是按照一定的规范去行动的"驯服的肉体"。〔4〕当执法实践陷入法律规定不明的模糊境地，迫于司法审查、考核以及追责的压力，警察宁愿遵循简单而熟悉的"形式合法"原则而选择更有利于自己的执法行为，"合规性"控制直接催生某些领域背离警察任务的保守执法和僵化执法，这是"经济人"假设下个体警察寻求自身效益最大化的本能反应，显然有悖于警察目的的制度设计。

上述宁愿遵循"形式合法"而不深究警察任务实现的保守执法本质上是对警察"维护社会治安秩序，保护公民的人身财产安全"的背离。"南京彭宇案""超级玛丽案"以及近期发生的多起正当防卫案实际上都是过

---

〔1〕《人民警察法》第2条规定：人民警察的任务是维护国家安全，维护社会治安秩序，保护公民的人身安全、人身自由和合法财产，保护公共财产，预防、制止和惩治违法犯罪活动。

〔2〕高文英："人民警察任务探究——以《人民警察法》的修改为视角"，载《中国人民公安大学学报（社会科学版）》2015年第5期，第98页。

〔3〕高文英："人民警察任务探究——以《人民警察法》的修改为视角"，载《中国人民公安大学学报（社会科学版）》2015年第5期，第100页。

〔4〕陈炳辉："福柯的权力观"，载《厦门大学学报（哲学社会科学版）》2002年第4期，第88页。

018

于追求"形式合法"的结果。在严密的"合规性"控制和执法考核下，警察执法在某些情况下过分追求"法度"没有执法的"温度"成为当前警务活动中不可忽视的一面。

警务活动是非常复杂的社会活动，与国家治理和社会生活高度相关，"法律的适用与法律制度的运用绝非机械的执行活动，其本身乃是各种各样的参与者所交织的创造性过程"。[1] 如何依据社会环境的变化看待既有法律，执法活动如何应对社会的演变，如何在执法过程中及时跟进社会演变机制？这些问题的解决都需要我们跳脱传统束缚，建立起更为宏观和更具远见的视角。

综上所述，基于对警察"必要的恶"的价值预设和天生警惕，再加上实践中我国警务运行中诸多异化现象的印证，学界一直以"控制警察权"为基本共识。"抑恶"的初衷当然毋庸置疑，并且对我国警察行政的规范运行作出了重要贡献，但学术上警察的"问题化"印象使得我国警察行政法研究大多围绕警察权失范现象进行批判，其开出的药方要么停留在不断创造新的控制方式和强化旧的控制方式上（如严格的立法授权、执法程序的严格规范、强化司法审查等），要么以各种局部的或短视的或极端化的措施缓解一时之急（如公安机关内部的各种检查、考评和督查等）。[2] 但令人困惑的是，"合规性"控制逻辑下的警察权失范问题不仅没有得到很好的解决，相反却衍生出诸如"内卷化""缺位""僵化""执法权威性不高"等诸多新问题。

因此，20 世纪 80 年代以来我国学界围绕"警察权"滥用的现实表现和传统行政法"合规性"控制的研究思路，以"监控者"角色设计出一系列规范严谨且细密的规训警察权的法律制度。过分追求警察行政法学的"规范法学"形式，只会带来两种结果：要么让管理者束手束脚、僵硬迟滞、削足适履，要么让警察行政法学的理论研究被现实撞得支离破碎，难

---

〔1〕 ［日〕大桥洋一：《行政法学的结构性变革》，吕艳滨译，中国人民大学出版社 2008 年版，第 2 页。

〔2〕 刘茂林："警察权的现代功能与宪法构造难题"，《法学评论》2017 年第 1 期，第 27 页。

以解决实践中的问题。如果忽视风险社会警察任务新的发展趋势和我国警察任务的政治属性，继续延续"合规性"控制下的理论预设和价值偏见，不仅无助于中国警务理论的创新，也无法解决中国的实际问题。传统警察行政法"合规性"控制逻辑存在的弊端已经表明其不再能够承载当前我国警察任务发展的需求，一种新型的、更为适应社会转型的警察学研究范式呼之欲出。

三、由"危害防止"迈向"危险预防"：风险社会视阈下警察权的新发展

进入 21 世纪，在风险社会和反恐任务的双重压力下，世界各国警察任务都呈扩张态势。当人民要求国家（尤其是要求警察）负起保护内部安全的重大责任时，立法者不得不授予警察更大的权限，以便其能在现实上承担预防犯罪的责任，传统以"危害防止"为核心的警察任务逐渐向"危险预防"的方向迈进。

"危害防止"的"危害"是一种具体且迫在眉睫的危险，这种"危害"往往具有明确性、可预见（测）性，而随着现代风险社会危害因素的多样化和多元化，"危险"的不明确性及不可预见性日益增强，"危险预防"的"危险"可能仅仅是一种潜在性的、推测性的危险，两者差异甚大。从传统的"危害防止"到当前的"危险预防"，不仅是名词形式上的改变，或是"危险"概念的转换，其在实质上也给警察任务及警察行政法体系，带来根本性的变革，传统立基于防止危害的警察行政概念及体系面临重大挑战，原本肇始于环境法的预防原则也被扩充到警察行政法学研究中，成为警察任务及职权的指导原则。"危险预防"取代了"危害防止"，或者说"危险预防"涵盖了传统"危害防止"的范畴，这在现代警察任务中得到多方面体现。基于篇幅限制，笔者仅就以下两个方面问题进行论述。

（一）反恐形势下警察预防性任务的扩张

自 2001 年"9·11事件"以来，安全成为头等大事，当公民个体无法

面对恐怖主义风险时，国家或者政府作为一般意义上社会秩序的维持者和社会资源的掌控者自然应挺身而出，完成公民的合理预期，此种情况下预防行政被解读为最新的生存照顾形态，[1] 基于预防原则的警察任务扩张成为预防行政的"急先锋"，构造出 21 世纪世界警务发展中的重要趋势。

恐怖主义是对人类现有文明的挑战，首先在宪法决策上带来一个难题：在承认恐怖主义对国家安全构成重大威胁的前提下，如何在不受政府限制和干预的自由利益与公共安全利益之间重新达成平衡。但难题在于，随着自由和安全受到威胁的消长，这个平衡点会不断移动，任何时候都不能把这个点精确固定下来，这就使得以确定性为控制前提的传统法治理念陷入一种"无能"的窘境。在这种情况下，即使是在"自由至上"的美国，学界也开始反思恐怖主义对公民权利影响缩减的现实正当性。美国著名法学家波斯纳在《并非自杀契约——国家紧急状态时期的宪法》中详细论证了这种自由与安全之间的现实冲突及法律难题。

波斯纳指出，传统"公民自由至上论"不愿意承认，现代恐怖主义威胁正当化了任何对紧急状态前接受的公民自由的缩减，他们否认公民自由应当随危险程度的变化而消长。"他们认为，美国宪法就是有关保护个人权利，而不是有关推进社会利益，某些公民自由至上论者把这种信仰建立在对公民自由的准宗教性的尊崇之上，与之相伴的则是对政府的强制性的一面——警察、检察官、军方、情报系统——的深切疑虑。"[2] 恐怖主义犯罪与传统暴力犯罪具有不同之处，其破坏性更大且许多宗教狂热型恐怖分子具有坚定的"信仰"和"自我牺牲"精神，无法依靠严刑峻法予以震慑。公共政策的重点必须从袭击发生后的惩罚转向预防恐怖袭击的发生，那么此时在法律上将预备活动定罪时，惩罚与预防的传统区别就模糊了。如果把犯罪限定为已经完成的恐怖袭击行为，那么法律就比现在更不足以

---

〔1〕 朱新力、梁亮："公共行政变迁与新行政法的兴起"，载《国家检察官学院学报》2013年第 1 期，第 113 页。

〔2〕 ［美］理查德·波斯纳：《并非自杀契约——国家紧急状态时期的宪法》，苏力译，北京大学出版社 2010 年版，第 43 页。

回应恐怖主义的威胁，这也是近年来"风险刑法观"的发展逻辑。

自由取决于国家安全，安全的整体衰落必然导致安全与自由的平衡点向不利于自由的一端偏移。就在 2001 年"9·11 事件"前的几个月，波斯纳所在的美国联邦第七巡回上诉法院修改了 1981 年达成的限制芝加哥警方调查恐怖活动权限的认可令（Concent Degree），当年的令状基于保护公民权的原则，严格限制了警察在调查恐怖活动中的权限：比如调查的目的只能是为了获取过去、现在或正在进行的犯罪行为；禁止搜查被调查对象所属的任何政治群体的有关信息；严格限制使用便衣线人；严格限制采集有关鼓吹暴力者以及其他政治极端者的信息。但这种基于自由保障至上的理念，在恐怖主义的现实发展和威胁下被击得粉碎。对此，在对该认可令的修正中明确指出：

> 政治极端分子，信仰并倡导暴力的人，在全世界每天都在形成新的群体。如果在芝加哥形成了或来了这样一个群体，该认可令就会让警方没法做任何事，无法保护公众远离该群体决定采取恐怖行动的日子。警方的手会被捆住，直到该群体超出了鼓吹暴力，开始造成了可合乎情理地怀疑已迫在眉睫的预备犯罪活动，才被松开。如果这时才允许警方调查，如果到该群体已经出发从事恐怖行动之际才能开始调查，调查也许就太迟了，不足以防止这一行动或不足以辨认这些行动者。如果警方从什么地方得知有人已经开始聚会并在讨论为某个意识形态目标必须采取的暴力活动，对公共安全的正当关注就要求允许警方监视这些群体成员的言词，建立档案，或许安插个便衣特工。所有这些都是宪法第一修正案许可的（除非警方动机不当或者其他手段为宪法第四修正案或联邦或州法律的其他条款禁止），但却为这一令状禁止。就因为前几代警方昨日对问题应对不当，这一令状就阻碍了警方应对当今问题的努力。[1]

---

〔1〕〔美〕理查德·波斯纳：《并非自杀契约——国家紧急状态时期的宪法》，苏力译，北京大学出版社 2010 年版，第 50-51 页。

因此，在新的情势下各国通过法律的制定和修订，赋予警方大量的预防性警察权，比如德国授权警察在特定区域内对经过的行人，可以进行任意性的盘查（问）等。同时，20 世纪 90 年代以来，"情报信息主导警务"（Intelligence-led Policing，ILP）模式也开始萌发并逐渐席卷全球，成为引领英、美、澳等国家的新一轮警务变革。这种警务模式和变革同样契合了风险社会预防性警察任务的思路，并且在"9·11 事件"之后得到越来越多国家警务实践的回应，成为一种占据主流地位的警务模式。

我国反恐立法和警务发展同样呈现这种预防性转向，这种转向"体现的是国家对恐怖主义犯罪政治宽容度的降低和刑法对秩序和安全价值保护的强化，在当下的我国，其不失为国家的理性选择"。[1] 随着《中华人民共和国国家安全法》、《中华人民共和国反恐怖主义法》（以下简称《反恐怖主义法》）、《中华人民共和国反间谍法》、《中华人民共和国保守国家秘密法》、《中华人民共和国网络安全法》等关涉国家安全的法律陆续制定和修改，国家安全领域警察权的预防性表现得最为明显，现实的做法在很多方面已经超越了自由法治国应对犯罪的方式，安全风险应对中警察任务的"预防性、方向性统领和技术性管控"成为现实选择。[2]

（二）重大活动安保中的警察预防性任务[3]

除反恐领域外，在我国重大活动安保领域，[4]"风险预防"而非"危害防止"已经成为一项基本原则，警察任务的预防性贯穿于整个安保的主线和全程。近年来，在我国举办的以 APEC 峰会、G20 杭州峰会、"一带一路"高峰论坛、厦门金砖会晤等为代表的重要国际体育赛事、国际会议、

---

〔1〕 何荣功："'预防性'反恐刑事立法思考"，载《中国法学》2016 年第 3 期，第 145 页。

〔2〕 梅传强、童春荣："总体国家安全观视角下的预防性反恐研究——以十九大报告为切入点"，载《现代法学》2018 年第 1 期，第 146 页。

〔3〕 陈晓济："重大活动安保法治化路径构建"，载《中国人民公安大学学报（社会科学版）》2020 年第 2 期，第 146-156 页。

〔4〕 "重大活动"不同于"大型群众性活动"，"重大活动"一般是指由国际组织主办，我国政府承办或者我国政府主办的国际性、多边性重大会议、重大体育赛事、重大事件纪念或重大商业活动等，如奥运会、亚运会、G20 峰会、APEC 峰会、上合组织峰会、金砖国家领导人会晤等活动。

区域性多边会议等重大活动越来越多，这些重大活动规格高、规模大，参会的外国领导人多，安保工作任务重、要求高，非常考验举办地政府维护安全的能力。从我国实践来看，公安机关无一例外地成为重大活动安保的主体，在活动举办前及举办期间，一般都会采取"护城河工程"、现场（交通）管制、安全检查、快递物流业寄入停运、专项整治等严格的安保措施，确保重大活动安保工作万无一失。这些措施很难在现行法中找到依据，但我们不能以"形式法治"为标准进行简单判断，认定其一概违法。

重大活动安保不同于一般社会秩序的维护，也不同于自然灾害、事故灾难、公共卫生事件和社会安全事件等引起的突发事件应对。在当前国内国际环境下，重大活动面临多元风险，抽象意义上的"安全"往往缺少明确的标准和指向。重大活动安保要抵御真实的有时甚至是想象中的内外威胁，大部分安保措施的目的是降低风险，而不是消除确定的风险（确定的风险早已在重大活动举办前予以排除），安保措施的采取必须依据现实环境进行动态调整，具有内在不确定性。重大活动期间如何在公民自由权益与公共安全利益之间实现平衡，是重大活动安保中必须考虑的问题，随着自由和安全所受威胁的消长，这个平衡点会不断移动，相关标准"不可能轻易转换成一些固定的规则，甚至不可能成为制定法"，[1]重大活动安保呈现出"行动越多，法律越少"的局面，这是传统"合规性"控制框架面临的现实挑战。[2]

从笔者对杭州 G20 峰会和厦门金砖会晤的考察来看，重大活动安保的"合规性"控制主要通过已有法律的充分运用、人大常委会的授权、[3]国

---

〔1〕 ［美］理查德·波斯纳：《并非自杀契约——国家紧急状态时期的宪法》，苏力译，北京大学出版社 2010 年版，第 2 页。

〔2〕 Tim Legrand, Simon Bronitt, *Policing the G20 protests*："*Too much order with too little law*" *revisited*, Queensland Review, Volume 22, p. 11.

〔3〕 如浙江省人大常委会《关于授权省及设区的市人民政府为保障二十国集团领导人第十一次峰会筹备和举办工作规定临时性行政措施的决定》规定："在 G20 峰会筹备、举办期间及延后期限内，省及设区的市人民政府针对可能存在的风险和影响，在采取常规管理措施尚不能满足保障峰会圆满顺利举办的各项要求的情况下，可以根据必要、适度的原则，通过规章或者决定的形式在公共安全、社会治安、交通运输、安全生产、环境保护等领域规定临时性行政措施，并组织实施。规定临时性行政措施的规章或者决定应当及时报浙江省人民代表大会常务委员会备案。"

务院组成部门和地方政府规范性文件、[1] 政府部门规范性文件等形式来保证。但既有法律针对的往往是社会常态，并非特定时期的严格管控，在重大活动安保适用中缺乏针对性，难以满足法治化安保要求；根据《中华人民共和国立法法》规定，省级人大常委会无权设定限制人身自由的强制措施（安保中警察行使的大量措施恰恰属于该范围），并且这种授权的内容也非常概括，具有高度抽象性，实践中难以满足"合规性"控制的形式要求；政府部门尤其是公安机关针对重大活动安保工作制定的一系列实施方案、工作机制、指导意见、实施细则等大量内部规定，事实上成为重大活动安保工作最直接和最有效的依据，正是这些规定外化为被民众所感知的具体安保措施。在绝对安全的目标下，往往侧重于风险的预防而非危害的制止，特定时期严格的预防性管控措施难以在常态社会立法中寻求合法性授权。

上述重大活动安保中出现的"适法性"问题，业已颠覆传统监控者视角下"合规性"控制的基本立场。无论是对安保区域的现场管制还是无一例外的人身检查，本质上都是基于预防措施原则下"公民自由"暂时克减的结果，而赖以支撑"合规性"控制的诸如权利克减的依据、程度以及程序、救济等基本法律问题，在重大活动安保期间要么有瑕疵、要么根本无暇顾及，无法满足"合法性"规制要求。警察在安保期间的"超常规权力"或许可用德国警察行政法上的"前沿权限"或"预防权限"予以解释，但确实已经超越了"危害防止"的传统警察法能力范围，无不指向预防性警察任务的现实需要。

四、研究方法

警察盘查权是世界各国警察均广泛使用的一种权力，基于各国历史、

---

[1]　如在 2016 年 G20 杭州峰会以及 2017 年厦门金砖会晤中，国家邮政局、公安部、国家安全部分别发布重大活动期间寄递物品安全管理的通告，国家旅游局办公室发布《关于妥善安排 G20 峰会期间旅游团队行程的通知》；地方政府出台了一系列的常态性规定和临时性规定（比如市政府令第 287 号《杭州市居住房屋出租安全管理若干规定》、省政府令第 345 号《浙江省人民政府关于对小型航空器和空飘物采取临时性管理措施的决定》）等。

国情、文化的差异，形成了各具特色的警察盘查制度体系。以比较法为视角，加强对警察盘查权的对比研究，具有现实的条件和可能。

研究方法对于一门学科的发展十分重要，正如黑格尔所指出的：学科的方法不是外在的形式，而是内容的灵魂。[1] 从某种意义上讲，研究方法的科学性、多样性、有效性能够反映出该研究主题的科学、繁荣程度，研究方法的变革与创新能够带来研究的整体变革与创新。[2] 我国盘查权的规范研究虽然一直是学界关注的问题之一，但从整体上来看，其研究指向较为单一，主要集中于"盘查权的滥用"及其法律规制，研究方法上主要也是以西方盘查制度为参照，开出的药方局限于传统合规性控制的思路。但对盘查实务的观察以及对个案的深入分析发现，单纯的合规性控制并不能解决盘查权的滥用问题，也无法因应社会情势发展对多元警务活动的现实需求。从警察盘查研究与实践的背离来看，学界也需要引入新的研究方法实现对研究内容的推动，探寻更为客观、更为理性的研究成果。

本书主要采用社会科学的研究方法，而社会科学的研究方法，又可区分为量化的实证研究途径与质化的诠释批判研究途径，前者着重逻辑与经验、价值中立客观性、可重复实验性等偏重计量的方法，而后者则着重于哲学与伦理学的价值判断、文义内涵的主观性诠释。[3] 本书主要采用的研究方法有以下几种：

第一，比较研究法。严格来说，从比较法的角度看，世界各国对"盘查"概念本身的表述就各不相同，鲜少有如我国采用"盘查"这一词汇用语的国家。本书将德、日、美等国家与地区同我国"盘查"意涵相近似的制度予以比较研究，横向分析盘查制度的不同格局和构造。如我国台湾地区的"临检"；《德国联邦与各邦统一警察法标准草案》的身份盘查、人与物的搜索等警察类型化职权措施；《日本警察官职务执行法》（以下简称

---

〔1〕 ［德］黑格尔：《小逻辑》，贺麟译，商务印书馆1980年版，第427页。

〔2〕 陈晓济："1988—2008：对我国警察学研究的初步检视"，载《福建论坛》2009年第2期，第71页。

〔3〕 陈晓济："1988—2008：对我国警察学研究的初步检视"，载《福建论坛》2009年第2期，第72页。

《警职法》）的职务质问、汽车检问、对公开场所之进入；以及美国联邦
最高法院判决所形成的 Terry 原则当中的拦停（Stop）与拍搜（Frisk）等
行为。这些身份盘查、人与物的搜索、职务质问、汽车检问、公开场所的
进入、拦停、拍搜等行为，即为所谓的具体盘查措施。因此首先就德、
日、美等国家与地区的盘查措施的法制规范予以概述，再就各国家与地区
与我国盘查法制体系加以比较，从而为比较研究提供基础和前提。

第二，实务观察法。警察执法的实务与警察法学理论同样重要，空有
理论并不能实现对执法实务有效性的指导，空注重实务而无扎实的理论基
础，许多的实务运作极易沦为非理性。理论不应只是空谈和闭门造车式的
"空想"。本书除了探讨理论上的学说外，还对我国警察盘查的实际运作进
行深入分析，对比理论与实务，希望能使盘查实务的运作有所遵循。笔者
以个人在公安机关锻炼时的执法、观察为基础，深入派出所一线基层的执
勤实践中，实地体验警察的基本勤务运作，并针对特定的盘查制度进行直
接的观察，结合对一线警察的非正式深入访谈，试图深入了解警察实务，
并准确把握实务问题。

第三，文献探讨法。研究工作自然要以先前的知识为基础，才会伸
延、累积、深入。文献探讨的主要工作为参考及查阅有关学科的资料及书
目，借以了解在研究问题的范围内，有哪些相关的理论、研究和既有的研
究发现及研究成果，或者有哪些方面尚无定论、尚未探讨等情况，避免盲
目研究或重复前人研究的弊端，并可以作为提示待答问题、建立研究假
设、构思研究方法以及分析研究结果的参考，进而建立研究架构。在写作
本书过程中，笔者本搜集了国内外相关法律法规、学术著作、博硕士论
文、期刊论文等相关文献资料，[1] 尽力使论述更全面。

第四，个案研究法。个案研究的主要价值在于能从个案的详细描述与
分析中发现重要的变量，提供有用的概括和认识，以帮助形成假设。本书
在研究过程中，非常重视对个案的深入研究，对国内外警察盘查中具有影

---

〔1〕 笔者通过"中国知网"平台检索系统，搜集了截至 2019 年 9 月与警察盘查相关的几乎
所有的博硕论文、期刊文章。

响力和奠定性案例进行分析、提炼、反思，试图通过对个案进行"麻雀式解剖"，发现盘查制度的特质与全貌、问题与症结，进而发现某些深层次的特殊问题，以展现实务的规律。

需要说明的是，本书主要是从警察行政法学的角度，来论述警察盘查职权措施的。但行政法学浩瀚深远，学说著作汗牛充栋，不胜枚举，限于能力，不能穷尽搜罗所有相关的文献资料，且因时空因素的限制，虽已极尽所能搜集整理，但仍或欠完备，影响研究的充实性，亦为本书研究的一个不足之处。当然，因个人语言能力有限，对德语与日文资料的引用，不能充分呈现第一手的数据见解，也实为本书的一个不是之处。本书主要以行政法学的原理法则为基础，针对警察盘查职权的法治建构，试探性地将相关学说观点加以整合与阐释，再综合些许个人实务上之见解，或论述推理或提出观点，期盼能对我国警察盘查职权的体系化，有抛砖引玉之效。

五、未完的话

改革开放以来，中国经济社会在取得举世瞩目成就的同时，也一脚迈入了贝克所描述的世界性风险社会。贝克认为，风险有别于传统的危险，它是现代化的威胁力量和令人怀疑的全球化所引发的后果。贝克进一步指出，在从阶级社会到风险社会的过渡阶段中，基于过去"不平等"社会价值体系而来的是"不安全"的社会价值体系，"不平等"已经被"不安全"取代，在风险社会的乌托邦，人们不再关心获取好的东西，而是去防止那些最糟糕的结果出现。[1]

当前警察行政或警察权的研究，仍未摆脱传统规制行政的窠臼，尚未建立起与风险社会相匹配的现代警务运行理论和模式。以警察盘查制度为例，学界的探讨往往集中于限缩警察盘查权的行使领域，尚未进入实证研究和潜入更为"微观"的层面，也未能进一步探讨限权的临界点在哪里、

---

〔1〕 〔德〕乌尔里希·贝克:《风险社会:新的现代性之路》，张文杰、何博闻译，译林出版社 2018 年版，第 7 页。

限制警察权是否能够确保警察目的的充分实现等深层次问题，远没有达到理论清晰、实践理性的高度。笔者对普通得几乎被人们忽视的警察盘查制度进行再梳理和再审视，进一步分析其背后的诸多问题，探寻盘查制度学术研究与警务实践之间存在巨大张力的深层次原因，试图洞悉未来警务发展的走向，这也是笔者对警察盘查制度予以持续关注的最主要原因。

传统警察盘查的合规性控制研究思路，已经无法适应当前风险社会对警务活动的预防性需求，在对街头警务典型代表的警察盘查行为的学术研究中，应在比较研究和规范研究的基础上，进入警察权这一更为宏大的"场域"研究视界中，关照中国现实和社会发展态势，找到一条"中国式"的规范研究路径，避免陷入单向的限制警察权的传统思维而无法自拔。这种研究视野的转向，不仅有助于达致警察执法的"街头正义"，而且能够为我国警察行政和警察权研究提供有益的尝试。尤其是近年来智慧社会信息技术的日新月异正在不断重塑包括盘查制度在内的传统警务机制，为重新审视传统理念和模式下警务运行机制提供了时代背景。

尤其是智慧社会物联网、大数据及云计算技术、智能化不断赋能传统警务，智慧警务呼之欲出，传统面对面的警察盘查行为整体上也呈下降态势，实践中已经开始综合运用大数据等情报技术提升盘查准确率，减少矛盾冲突，努力实现盘查社会效果最大化已经成为未来盘查实践的一个发展趋势。

学界也开始尝试对盘查行为进行实证研究，试图探寻其在智慧社会对于犯罪预防的实际效果。比如在美国纽约市，自 2013 年新任市长承诺减少盘查数量后，至 2017 年，盘查的数量由 2012 年的 685 724 起下降至 10 861 起。虽然专家预测减少盘查会致使犯罪率上升，然而数据表明，自 2013 年以来，纽约市所有类型的重大犯罪都大幅减少，2017 年的犯罪率达到自 20 世纪 60 年代初以来的最低水平，主要犯罪的总数下降了约 6%，创下了历史新低。[1] 该数据至少能够说明警察盘查的频率和数量实际上与犯罪率

---

[1] 陈慧君、李浩："我国盘查权规范化路径的反思与再选择"，载《中国人民公安大学学报（社会科学版）》2019 年第 1 期，第 110 页。

的高低之间并不存在必然联系，盘查的实际效果在很大程度上受到了质疑。基于上述认识，美国警察盘查策略已经进行了修正，从以往的"基数控制"策略逐渐迈向更为精准的"目标控制"策略。改变大规模盘查，根据区域特点和特定目的，对盘查权进行更为精准的控制，已经成为巡逻勤务的一种发展趋势。

　　总之，解决中国问题，应当立足中国大地。域外经验值得借鉴，域外教训也值得汲取，盘查本身结果的难以预测性带来的启动标准难以量化、对象具有歧视性和随意性等问题，在法律上也不可能由立法明示列举无遗。风险社会警察执法场景的动态、多变与复杂与日俱增，执法过程中遭遇的种种情境，已经超越了立法者基于理性判断、对既往案事件的归纳总结和对未来执法问题的想象范畴，需要不断"用未知方法解决未知问题"，这正是笔者在对警察盘查研究中的最大感受，也是认为能够透过盘查洞悉整个警务规则嬗变和警察权运行的最主要原因。

第一章

我国盘查制度的历史沿革与基本功能

福柯在考察监狱的起源时就指出，治安权力必须遍及一切事物，有了警察，人们就生活在一个无限的监督世界里了，为了行使这种权力，必须使它具备一种持久的、洞察一切的、无所不在的监视手段。这种手段能使一切隐而不现的事物变得昭然若揭。它必须像一种无面孔的目光，把整个社会机体变成一个感知领域：有上千只眼睛分布在各处，流动的注意力总是保持着警觉，有一个庞大的等级网络。[1] 盘查制度就是感知社会有机体和社会控制的重要手段，其古已有之，是伴随警察起源时就存在的一种古老的警务制度，在维护社会秩序、预防和打击违法犯罪和秩序整治中发挥着重要作用。现代意义上的盘查权一般归于警察行使，是警察行政和社会管理中的常见行为，对其历史溯源、价值功能及法律特征等的研究有助于厘清盘查制度的基本内涵，探析制度背后的内在运行逻辑。

第一节　我国盘查制度溯源

警察是国家机器的重要组成部分，是伴随着国家的产生而产生的，"和国家一样古老"，[2] 在每一个国家都无一例外地存在着。与此相适应，

---

〔1〕〔法〕福柯：《规训与惩罚：监狱的诞生》，刘北成、杨远婴译，生活·读书·新知三联书店 1999 年版，第 239-240 页。

〔2〕《马克思恩格斯选集》（第四卷），人民出版社 1972 年版，第 114 页。

警察的权力和警察的职能也是同步的。在古代，无论是在东方各国还是西方各国，都曾出现过类似于执行近代警察职能的机构和人员。在我国，"警察"概念是一个"回归借词"，但实质意义上的警察则早已有之，如《周礼》中记载的司稽和禁暴氏，秦朝的中尉，汉代的执金吾，隋唐至宋辽金元的金吾卫、巡检司、警巡院，明代的厂卫和五城兵马司，清代的步军统领衙门等，虽均未冠之以"警察"的称谓，但其本质都是类似于警察的组织和人员。[1] 而盘查职能抑或盘查权则是从警察职能产生的那一刻就内蕴于"警察"概念的始终。

一、我国警察历史简述

我国实质意义上的"警察"概念古已有之，但公法意义上"警察"概念的确立，则在清末民初时期。但无论是实质意义上的警察还是公法意义上的警察，盘查职能均是其最原初的基本职能之一，"警"与"察"本身就与"盘"与"查"具有高度一致性。

"警"字在我国古文中意为"戒备""戒敕"，如《左传》："军卫不彻，警也"，《周礼》："正岁，则以法警戒群吏"。"察"字则有反复严审的意涵，如《论语》："察其所安"。将"警察"两字的字面综合来解释，其重要的意义就是："在事先应当机警预防一切不测事情的发生，而在事后则应当详明审查事情的是非以为补救。"[2] 我国古代时期虽然没有形式意义上的"警察"名称，但各朝欲求社会安定与秩序维护，自然有一套传统的保安制度，虽在不同朝代此种制度常有变更，但其目的与功能则并无二致，实质意义上的警察由来已久。

远古时期唐虞时代即有所谓"司徒"的官职，其职责为典教化，从《尚书》记载看，"司徒"官职的设置是以消灭仇争，维护社会秩序为目的。秦朝的"中尉"、汉朝的"执金吾"、宋代的"巡检"、元朝的"警巡

---

〔1〕 陈晋胜：《警察法学概论》，高等教育出版社2002年版，第4页。
〔2〕 陈允文：《中国的警察》，商务印书馆1935年版，第8页。

院"等,[1]虽然早期与军事任务未能完全区分,但均有警察任务和警察职责的意涵。古代时期我国警察任务多混杂于其他行政之内,没有显著特定的制度和组织,此时期也可称之为警察任务的混沌时期。[2]

我国公法意义上的警察制度创自前清末年,甲午战败、义和团运动实为中国设立现代警察之起因。[3]1889 年湖南按察使黄遵宪得到湖南巡抚陈宝箴等人的支持,上奏清廷:"警察一署,为凡百新政之根柢,若根柢不立,则无奉行之人,而新政皆成空言。"[4]同年 2 月获准在长沙筹建湖南保卫局,招募地方贫民为巡捕——警察,其职责明确规定为:"去民害,卫民生,检非违,索罪犯",成为我国第一个警察机构。[5]至此,我国开始在制度上确立现代意义上的警察,但此时的警察任务与内务行政仍未明确区分。1901 年清朝在北京创设善后协巡营,继而改称"工巡总局"。其任务为掌理北京警察事务和土木工程事务。工巡总局内分设"工程局"和"巡捕局",其任务为:[6]

(1)执行京城内之警察事务;

(2)杖以下之罪得即决之;

(3)简易民事之条件,得受理而行其审判权;

(4)受理京控;

(5)审判关系外国人之民刑事;

(6)经营土木实务。

由此观之,工巡总局实际上是警察、市政及司法"三位一体"的混合机构。其后清廷派遣大臣赴日本考察警政,1902 年直隶总督袁世凯奏准,在天津试办设立"天津南段巡警总局"和"天津四乡巡警总局",1905 年

〔1〕 朱绍侯主编:《中国古代治安制度史》,河南大学出版社 1994 年版,第 39 页。
〔2〕 陈允文:《中国的警察》,商务印书馆 1935 年版,第 10 页。
〔3〕 李士珍:《警察行政之理论与实际》,中华警察学术研究社 1948 年版,第 10 页。
〔4〕 梁启超:《戊戌政变记》,中华书局 1954 年版,第 143 页。
〔5〕 黄臻睿:"老城厢第一代警察",载《新民晚报》2015 年 10 月 25 日,第 B11 版。
〔6〕 陈允文:《中国的警察》,商务印书馆 1935 年版,第 11 页。

清政府为整理全国警察组织，设立"巡警部"作为全国警察最高指挥机关，由此开始我国正式中央警察机关的历史。[1]至此，警察任务成为内务行政的一部分，后又设立民政部，将警察任务并入民政部成为一司。光绪三十二年（1906年），清廷参照日本旧刑法第四编违警罪体例，颁布《大清违警罪章程》，开近代中国违警罚法之先河。但此时警察制度刚刚引进，当局对警察职权及任务尚不十分明确，因而违警罪章程极为概括简陋，仅5条共26款违警行为，显然不能满足社会需要，但关于警察任务的探索则逐渐有了系统的进展。

民国时期的警察，仍植根于清末警察。"清末警察虽然在州县层面有名无实，仅有形式，可是在省会商埠及繁盛城镇方面，却大体规模已具，奠定我国警政的始基。"[2]民国时代本可继续发展，使警察任务在德日基础上更进一步，达到现代警察的意涵和水准。但由于此时政局混乱，政府重军而不重警，警务由清末的"要政"降为一般行政，其重要性不再凸显，又由于战事频仍以及经费紧张等因素，导致民初的警务发展反而不如清末朝气蓬勃。[3]除了能看到的一次次在名称上的改组之外，[4]对整个警察任务的实质和警察组织的建设，并无多大改进。

二、我国盘查制度溯源

盘查权实为警察权中最基本的权力之一，基本是伴随着警察的产生而产生。据《尚书大传·夏书》郑玄注的解释，"司马掌军事，维护都城及边境的治安"，[5]在维护治安的过程中，必然会行使到类似于盘查的权力。夏代的"交通驿传"、秦汉的"亭"等，实为我国盘查制度的起源。

〔1〕 内政部警政司编：《中国警察行政》，商务印书馆1935年版，第1-3页。

〔2〕 王家俭：《清末民初我国警察制度现代化的历程（1901—1928）》，我国台湾地区"商务印书馆"1984年版，第131页。

〔3〕 《王家俭：清末民初我国警察制度现代化的历程（1901—1928）》，我国台湾地区"商务印书馆"1984年版，第131页。

〔4〕 比如，1927年内务部改为内政部，警察事业又归入内政部的一部分——警政司，警察厅改为公安局，1936年又沿旧制，名称仍为首都警察厅及各省警务处、警察局。

〔5〕 朱绍侯主编：《中国古代治安制度史》，河南大学出版社1994年版，第9页。

（一）夏代的"交通驿传"

我国古代交通驿传，在夏代已肇其端。《国语·周语中》引《夏令》："九月除道，十月成梁。"据甲骨文、金文、出土文物以及有关古籍的记载，商朝不仅有了车马、步辇和舟船等交通工具，而且开始建立了"驿传"制度。当时交通驿传的发展，是与商业的发展紧密联系的，为了满足商业交通的需要，建立一定的交通驿传管理制度也是完全可能的。交通驿传虽然并非以盘查车马和行人为主要目的，但也具有检查行人的权力。

（二）秦汉的"亭"

我国有记载的最早使用盘查权的是秦汉地方机构——亭。亭起源于先秦，最初其职能主要表现为军事性。原战国时期设在边境上监视敌情、带有军事性质机构的亭，至秦汉时期，逐渐演变成了负责维护地方社会治安的警察机构，"大率十里一亭，亭有长。十亭一乡，乡有三老、有秩、啬夫、游徼……亭长持二尺版以劾贼，执绳以收执贼"。[1]

出于政治、军事、治安等不同阶层的需求，驿道、关津、街道以及市场，都设有亭。亭既属所在地方行政长官领导，也受上一级治安机关的指挥，[2]其主要职能是维护地方治安。亭与乡为同一级行政组织，是县级政权派出的治安机构。乡、里、亭都承担着维护地方治安秩序的责任。亭是设在城区与农村交通要道上的基层管理机构，设在城市中的为街亭，乡村中的为乡亭，相当于后代分设的地方的警亭或派出所，亭部就是它的治安范围，其在维护地方治安方面发挥主要作用。

亭一般设置在县以下的交通要道上，其作用主要有三：第一是作为招待迎来送往的官员，第二是作为官方文书传送的中间驿站，第三就是"禁盗贼"，即维护地方治安。亭的负责人是亭长，直接由县来任命和管理。

乡间亭长有权检查过往行人，执行宵禁令。秦汉法制，吏民外出须持有关机关发给的通行凭证，经过关隘渡口或住宿客舍，都要出示通行凭

---

〔1〕 马端临：《文献通考》（卷十二·职役考一）。

〔2〕 中国社会科学院法学研究所法制史研究室编：《中国警察制度简论》，群众出版社1985年版，第99页。

证。设在驿道、关津的亭，有权盘查、验示行人的证件。《汉书·王莽传》记载：天凤元年，"大司空士夜过奉常亭，亭长盘之，告以官名。亭长醉曰：'宁有符传邪？'士以马鞭击亭长。亭长斩士，亡，郡县逐之，家上书，莽曰：'亭先奉公，勿逐。'大司空邑斥士以谢"。[1] 所谓"亭先奉公"，即亭长有权检查过往行人的"符传"（即通行凭证）。大司空的官吏无符传，并以马鞭击亭长，亭长将其斩之，无罪。汉末曹操不愿投靠董卓，"变易姓名，间行东归"，在路过中牟县时，"为亭长所疑，执诣县"，"中牟疑是亡人，见拘于县"。[2] 亭长疑其为逃犯可拘之。

关于亭吏巡逻盘查之职，还可见张家山汉简《奏谳书》：[3]

> 元年十二月癸亥，亭庆以书言雍廷曰："毛买（卖）牛一，质，疑盗，谒论。"
> 整理小组注：亭庆，当系市亭负责人。质，《广雅·释诂二》："问也。"便是指亭吏庆通过质问，发现毛盗牛的可疑犯罪行径，从而追究其相关责任。

又见敦煌悬泉汉简：

> 建昭三年三月丁巳朔辛巳，广至长朔、丞移效谷，亭长封苟问一男子，自谓司寇大男尹齐，故冥安安里，署属县泉置，乃己卯去署亡。

秦汉时期"亭"对过往行人的盘查，也可以认为是我国警察盘查权的历史渊源。

（三）唐的"关津、过所"

及至隋唐，我国已经形成较为完善的中央和地方治安管理机构，较为

---

〔1〕《汉书·王莽传》。
〔2〕陈寿：《三国志》，中华书局，1999年版，第409-410页。
〔3〕张家山二四七号汉墓竹简整理小组编：《张家山汉墓竹简［二四七号墓］》，文物出版社2001年版，第221-222页。

系统地行使社会治安秩序、公共场所治安管理、户口管理、交通管理以及消防管理等职责。其中唐代的"关津、过所"制度是警察盘查的新发展。

唐代在长安周围和边境地区筑关，以利用山河形势，控扼交通。关于设关的治安意义，武德九年（626 年），唐太宗下诏指出"关梁之设，襟要斯在，义止惩奸，无取苛暴"。[1] 唐朝中央政府对关实行严格的管理。中央主管官员是刑部司门的郎中和员外郎。各关设令、丞、录事、津吏若干人，无津者不置津吏。关令的职责是"凡行人车马出入往来，必据过所以勘之"。[2]

所谓"过所"，就是官府颁发的通行证。凡是要度关的人均需取得政府的通行证。唐政府对"过所"实行严密的勘验制度："诸都督府以下各级地方行政、军事机构，上至军镇下至烽铺，都有勘验行人过所的职责。在各级地方机构中，因关津置于关中四面和边州要隘以及交通要冲，故履行勘验过所是其重要职能。这是唐朝保证户口的稳定和赋役、兵役的来源，尤其是在边防查获逃人、奸细，维持国防及社会治安的一项重要措施。"[3] 类似于现在的护照和签证查验制度。

三、我国盘查权的发展与完善

在我国古代治安史上，宋元明时期是一个重要的转折期。秦汉隋唐的治安体制，在这一时期发生了重大变迁，实现了体制的更新，及至清朝，我国古代盘查制度日益完善。

（一）我国警察盘查权的发展

元代将京师治安进行分片管理，设置五城兵马司，使治安巡警专职化。到明万历年间，京师治安每况愈下，"军额倍增"。"籍伍虽具，而士马实凋敝不足用"，[4] 京师"盗贼纵横"，甚至"窃内中（即宫廷内）器

---

〔1〕《唐会要》卷86《关市》。
〔2〕《旧唐书》卷44《职官志三》。
〔3〕程喜霖："护照与签证功能合一的过所"，载《文史知识》1992 年第 8 期，第 43 页。
〔4〕《明史·兵志一》。

物，获其橦索，竟不能得也"。[1] 庄烈帝时，"营军半虚廪，马多雇人骑，失盗严限止五日，玩法卒如故"。[2]

面对严峻的京师治安形势，明政府将沿袭秦汉的盘查权适用范围进一步扩大，专责京师治安的五城兵马司在京郊设五平口、石港口、齐家庄、卢沟桥四个巡检司。每司设巡检一名，带领弓兵，"主缉捕盗贼，盘诘奸伪"，其职责为"专一盘诘往来奸细及贩卖私盐犯人、逃军、逃囚、无引面生可疑之人"，具体规定是：[3]

> 凡军民人等往来但出百里者，即验文引。凡巡检司纵容境内隐藏逃军，一岁中被人盘获十名以上者，提问如律；
>
> 凡运粮马快商贾等船，经由津渡巡检司照验文引，若豪势之人不服盘诘，听所司挐送巡河御使郎中处究治；
>
> 凡军民无文引，及内官内使来历不明有藏匿寺观者，必须擒挐送官。仍许诸人首告，得实者奖，纵容者同罪。

同时，明代实行里甲制度时，规定里甲长、老人有协助巡检司弓兵盘查往来，捕获内外逃军、囚徒、无引人及贩卖私盐人的职责。

在此阶段，盘查有了进一步的发展。由兼职行使此权成为专职行使此权，由单纯的查验通行凭证发展为以查验通行凭证来发现犯罪，为明朝治安稳定发挥了重大作用。朱元璋曾敕谕天下巡检司曰，"朕设巡检于关津，扼要道，察奸伪，期在士民乐业，商旅无艰。然自设置以来，未闻举其职者。今将遣遣使分视各处，以检防有道，讯察有方。有能坚守是职，镇静一方，秩满来朝，朕必嘉焉"。[4]

(二) 我国警察盘查权的完善

清朝，京师的"盗贼"问题愈发严重，除五城兵马司外，增设步兵统

---

〔1〕《明令典·巡捕》。

〔2〕《明史·职官志》。

〔3〕《明令典·关津二》。

〔4〕《明令典·步军营》。

领衙门负责京师治安。步军统领衙门的步军营守卫的具体职责有：稽查夜行者。京师实行夜禁，民人无故夜行者，即于盘获处所羁留，于次日呈报步军统领责惩。清顺治十八年（1661年）上谕专门规定了五城兵马司的职责："缉捕盗贼，审理人命，盘获逃人，及禁约赌博，稽查奸宄"，[1] 先盘获后羁留，这是最早的法定盘查留置。清末《湖南保卫局章程》对盘查权有了更加明确的规定：由巡查长负责在辖境内巡行，遇有可疑人得随时盘诘，如系"匪类"即拘回局中讯问。[2] 这时，已经接近现代意义的盘查、留置了。

四、我国盘查制度的成型

国民政府在《违警罚法》中对盘查权也有明确规定。新中国成立后，1957年《中华人民共和国人民警察条例》并未对盘查进行规定。[3] 公安部在1986年《关于组建城市治安巡逻网的意见》和1994年《城市人民警察巡逻规定》中先后提出了巡警在执勤巡逻过程中可行使盘查权、检查权，但仅限巡警使用。

1995年颁布的《人民警察法》明确了警察的重要权力——盘查权，至此我国从法律上正式确立了盘查制度。1995年7月15日，公安部发布《关于公安机关执行〈人民警察法〉有关问题的解释》，对如何理解执行盘问、检查进行了规定，又于2004年7月12日发布《公安机关适用继续盘问规定》（以下简称《继续盘问规定》），该规定共6章44条，涵盖了公安机关适用继续盘问的各个环节，包括适用继续盘问必须遵循的原则，继续盘问的适用对象和时限，继续盘问的审批和执行，候问室的设置、建设和管理，执法监督和责任追究等内容。并详细规定了孕妇、哺乳期妇女、未成年人、老人等弱势群体在接受"继续盘问"时应享有的"特殊待遇"，

---

〔1〕《钦定大清会典事列·都察院·五城》。

〔2〕《湘报》第126号，光绪二十四年六月出版。

〔3〕 1957年《中华人民共和国人民警察条例》第6条第2项有"在侦察刑事案件的时候，可以依照法律传问犯罪嫌疑人和证人"的规定，有学者认为，该项规定虽然没有使用盘查的字样，但其权限范围包括盘查权。

并首次在公安执法环节中，明确了照顾被盘问人没有独立生活能力的家属问题。

针对人民群众反映强烈的问题，《继续盘问规定》体现了从严控制适用继续盘问，严密执法程序，减少随意执法空间，维护公平、公正，以及保障公民合法权益的宗旨和精神。2008年11月28日公安部又制定《公安机关人民警察盘查规范》，除对《人民警察法》关于盘查规定的细化之外，重点规定了警察盘查的具体技战法，包括当场盘查、查验身份、人身检查、物品检查、车辆检查、设卡检查、继续盘问等类型化盘查措施适用中的具体细节，明确了盘查时警察的执法装备等要求。至此，我国警察盘查制度基本成型。

五、我国警察盘查制度的新发展

近年来，物联网、大数据及云计算、智能化深刻地改变着人类社会生活，风险社会与信息化对社会治安同样产生重大影响，深刻地改变着传统犯罪的形态。从数据统计看，公安机关治安案件和刑事案件立案数经历21世纪前十年的快速增长后开始下降，但犯罪内部结构发生根本性变化，传统"面对面"的侵财型犯罪下降明显，利用互联网的"键对键"侵财型犯罪急剧增加，新型违法犯罪尤其是互联网犯罪快速增加。

在新型互联网犯罪日渐兴起的背景下，警察盘查制度的价值和功能均需要进行重塑，在传统巡逻勤务中发挥重要作用的盘查措施似有逐渐下降的趋势。同时，大数据和智慧警务也不断赋能传统盘查措施，基于大数据的人脸识别技术也改变了传统大海捞针式的"普查"，实践中已经出现综合运用大数据等情报技术来提升盘查准确性的有益尝试，比如将视频监控与巡逻盘查相结合使得盘查行为更加有的放矢。

笔者以为，随着信息科技和智慧警务的发展，依靠警察主观判断进行排查的情况将会越来越少，盘查的精准性、系统性也会越来越高，盘查的警力配置将愈发科学，这是未来一个时期警察盘查的重要发展方向。在传统巡逻盘查措施逐渐减少、日渐精准的形势下，设卡盘查、公安检查站查控等盘查措施的重要性日渐突出，适用频率则呈稳中有升的态势。尤其是在重大活动安保日趋常态化的背景下，公安检查站在应对社会面治安防控压力和重大活动安全挑战等方面发挥了至关重要的作用，似有成为一种独立系统的盘查措施的趋势。

盘查作为世界各国警察的一项通行权力，将在相当长的一段时期内继续发挥预防和发现犯罪、维护社会治安的重要作用，是立体化社会治安防控体系中的重要一环。但盘查的发展必将从"基数控制"的粗放策略朝向"目标控制"的精准策略，从粗放式治理迈向精细化治理，大数据和智慧警务赋能盘查必将促进盘查制度发生重大演变，成为研究未来研究盘查制度必须关注的问题。

第二节　盘查的基本内涵

警察一般承担"事前犯罪预防"和"事后犯罪侦破"的重要职责，在所有行政机关中，是执行"干预性"公权力措施最主要的机关。盘查是警察重要的法定职权，其运行过程往往伴随对当事人人身权、财产权的限制或控制。在依法治国原则及人权保障理念下，警察干预性职权的发动，须有明确的法律依据始能为之，权力的定义、性质、特征以及行使的要件、程序应具备正当性及明确之可预见性，才能使警察和民众双方均有所遵循，并得以预测其行为举止的后果。对盘查属性、特征的研究，有助于进一步明确盘查制度的内涵。

一、人权保障与警察盘查

警察执行公权力的最终目的，无非是为了保障宪法赋予人民的基本权利。所以，警察执法应受宪法的规范，我国宪法对人权保障及人身自由权、财产权等与警察盘查权关系的规定，主要集中于第37条的人身自由权、第13条的财产权以及第39条的住宅不受侵犯权等条文中。

第一，人身自由权。人身自由权，又称人身不可侵犯权，是一切自由权利的基础。假如人的身体得不到安全保障，而遭非法侵害或逮捕，则其他一切自由，均无从谈起。人身自由必须首先获得适当的保护，而后才可享受其他自由。《中华人民共和国宪法》（以下简称《宪法》）第37条规定："中华人民共和国公民的人身自由不受侵犯。任何公民，非经人民检察院批准或者决定或者人民法院决定，并由公安机关执行，不受逮捕。禁止非法拘禁和以其他方法非法剥夺或者限制公民的人身自由，禁止非法搜查公民的身体。"一般民众遭受当场盘问、继续盘问，如果程序不合法，当然会侵犯到人身自由权，警察盘查权应遵守宪法的基本规定和宪法的精神。

第二，财产权。我国《宪法》第13条规定，公民的合法私有财产不受侵犯。财产权是以财产上利益为标的的权利，通常可与权利主体之人格或地位分离，原则上人格权及身份权以外的其他权利，均可归类为财产权。财产权的所谓利益，不一定具有经济价值，具有精神、文化或纪念价值的物品，如私人照片、具有特殊意义的个人物品等，也可以成为财产权的标的。由于公民遭受警察盘查，其物品会有被扣留或扣押的可能，因此也有可能会被侵犯到财产权。

第三，住宅不受侵犯权。我国《宪法》第39条规定："中华人民共和国公民的住宅不受侵犯。禁止非法搜查或者非法侵入公民的住宅。"因住宅往往牵涉私人的隐秘空间，所以各国法律都规定对公民住宅不得无故侵入或无故搜查。除法律另有规定外，警察盘查，不得及于私人场所，当然包括住宅。另外，实践中出现的对公民住所"假盘查之名，行搜查之实"，实际上也构成了对公民住宅的侵犯，如果是对正常营业场所的"搜查"，还涉及宪法规定的工作权或营业自由权。

二、警察盘查权的基本属性

我国公安机关的双重属性，决定了行使盘查权的主体公安机关既是行政管理的行政机关，又是刑事案件的侦查机关。对这种具有多种社会职能的国家机关所实施的行为在性质上如何认定，一直是理论上和实践中的一个难点，对于警察盘查行为属性，目前学界并未形成统一的认识。[1]环视相关学者论述，笔者将之归纳为三种学说，即行政行为说、刑事行为说、折衷说，其中又以行政行为说为通说。

（一）行政行为说

日本《警职法》中规定的职务询问和我国台湾地区"警察职权行使法"中规定的盘查在性质上都属于行政职权。我国台湾地区学者李震山就将盘查行为认定为一种行政践行行为，系一种"实际行动"，或者称为事实行为。所谓事实行为，即行政主体借由事实的作用，而非以意思或观念表明等精神作用为要素，透过"行动"即能发生行政法上之权益效果，且行为一经实施，该行为即已完成，且无法恢复原状或以撤销方式加以废弃的行为。所以警察使用警械、搜索、清场、约束、盘查等行为都被认定为一种具有事实行为之特质的行为。[2]日本学者田口守一教授认为，由于侦查活动开始于行政警察活动，因此警察的盘查行为属于行政警察行为。[3]我国大部分学者也主张盘查是一种行政行为，比如高峰就持这种观点。但与上述两位日本学者不同的是，高峰并不是从行政警察与司法警察分离的角度，也不是从盘查行为主要受警察法调整的角度来讨论此问题的，而是从分析盘查行为的特征入手，主张盘查行为是一种行政行为。[4]另外，高一飞、林国强在《论盘查的法治化》一文中进一步将盘查界定为一种"任意性行政措施"。[5]

（二）刑事行为说

持刑事行为说的学者认为，现实生活中，公安机关在行使职权的过程中往往将行政措施与刑事措施交织在一起使用，要将各措施在性质上截然分开是很困难的，也是不现实的。因此根据盘查制度对于破案的现实作

---

〔1〕甘翃："论盘查"，四川大学 2007 年硕士学位论文，第 23 页。

〔2〕李震山："论行政管束与人身自由之保障"，载《警政学报》1995 年第 26 期，第 27 页。

〔3〕［日］田口守一：《刑事诉讼法》，刘迪等译，法律出版社 2000 年版，第 40-41 页。

〔4〕高峰："比较法视野下的盘查措施"，载《现代法学》2006 年第 3 期，第 138 页。

〔5〕高一飞、林国强："论盘查的法治化"，载《河南科技大学学报（社会科学版）》2007 年第 1 期，第 99 页。

用，公安机关所采取的盘查措施是一种刑事侦查行为。如惠生武在《警察法论纲》中将警察盘问检查权和留置审查权列入警察刑事职权的基本内容。[1] 我国台湾地区学者郑善印也认为，警察盘查行为属刑事活动，其目的为事前侦查犯罪或违法，是属于犯罪侦查的前阶段行为，系依警察职权法等程序。[2]

（三）折衷说

折衷说认为，不能简单、武断地将盘查定位于一种行政行为或刑事行为，而是主张盘查属于一种过渡性质或者说双重性质的活动，既具有行政行为的属性也具有刑事行为的属性。警察盘查虽属行政行为，但警察为维护社会治安，不能置身于侦查环境之外，治安维护与侦查犯罪互为表里，无法强行割裂，如果法律赋予警察的权限已明显脱离现实的侦查环境，那么警察的一切行政作为均将沦为空洞化。因此，侦查工作与警察行政行为应该紧密结合，不能单兵出击，否则很难发现犯罪端倪。刑法中犯罪的概念也包括犯罪的准备阶段，警察对此有防止或制止的权力，以充分发挥犯罪预防的作用。因此，无论是纯粹的行政行为还是纯粹的刑事行为，都无法完整诠释警察犯罪侦查活动，故警察盘查同时具有行政与刑事作用的色彩，应该是刑事与行政二者皆具的一种警察行为。万毅就认为将盘查定位于双重属性更为准确，即"盘查是一种介于行政警察和司法警察职能之间，介于刑事侦查程序与行政调查程序之间，也介于警察法与刑事诉讼法之间的，具有双重属性的警察行为"。[3]

从以上介绍可以看到，警察盘查的法律性质，虽众说纷纭，莫衷一是，但可以确定的是，绝大部分的见解并不否认：警察盘查系属职权作用的性质，需有法律明确的授权规定，始能发动职权措施。学界在盘查属性界定上的分歧主要在于盘查到底是一种单纯的行政行为，还是行政行为与刑事行为的混合。

---

〔1〕 惠生武：《警察法论纲》，中国政法大学出版社2000年版，第156-157页。
〔2〕 郑善印："警察临检法制问题之研究"，载《刑事法杂志》2002年第5期，第34页。
〔3〕 万毅："论盘查"，载《法学研究》2006年第2期，第130页。

在笔者看来，学界之所以会形成这样的分歧，主要基于以下两个方面的原因。

其一，警察盘查权的法律来源主要是警察法，而根据传统的部门法分类，警察法属于行政法的范畴，因此很多学者就据此认为警察的盘查行为属于行政行为。

其二，司法警察的活动与行政警察的活动在实践中并没有如理论上界分得那么明显，两者的活动经常交织在一起。更为直接地说就是，现实中盘查措施经常被用于刑事侦查的目的，或者说是同一盘查措施往往服务于预防违法犯罪与追诉犯罪的双重目的。与之相应，一些法治国家也纷纷在刑事诉讼法中规定了盘查的一些程序与实体要件，德国就是这方面的典型。一些论者正是看到了这点，才认为盘查具有双重属性。

应该承认，上述三种观点都具有相当的合理性，各自的论述也非常充分，并且绝大部分的见解并不否认，警察盘查属于警察职权作用的性质，需要有法律明确的授权规定，才能发动职权措施。就第一种观点而言，盘查立法与实践的以下两点没有得到回应：一是法治国家的盘查并不仅仅只局限于警察法这一行政法规，刑事诉讼法，甚至包括证据法规都已经成为警察盘查的来源。在这种立法现实之下，确实也很难将警察的盘查行为仅仅定位于一种行政行为；二是实践中的盘查并不仅仅用于警察行政管理与社会治安秩序维护的行政目的，还广泛地应用于刑事侦查，用以追诉犯罪行为。比如在重大刑事案件发生以后，警察在重点卡口设卡盘查，其目的非常清楚，就是针对具体刑事案件的追诉，成为侦查活动的重要组成部分，既然盘查行为已经出现在刑事活动之中，显然就不能完全认为盘查属于一种行政行为。尽管上述两点在有关盘查属性的第三种观点中得到了相当的回应，但笔者也很难认同盘查双重属性的观点。在笔者看来，将盘查定位于双重属性模糊了侦查与盘查的界限，混淆了盘查在实践中服务于行政控制与犯罪侦查目的的时序关系，进而也就并没有真正地厘清盘查的法律属性。至于第二种观点，已被越来越多的学者抛弃，道理不言自明。

笔者以为，对警察盘查权属性的认识，不能陷入非此即彼的对立之中，也不能简单笼统地认为警察盘查权就是行政权与刑事权的综合体，应根据盘查行为服务的具体目的而作出具体区分：对于仅仅是以"预防性"为目的而展开的盘查，我们应该将其定位于一种行政行为；而当盘查行为发动后，并转化为一种犯罪追诉目的时，此时盘查在形式上虽属于行政警察预防犯罪的职能，但已经具有了犯罪侦查的目的，因此可以认为此种情况下的盘查具有双重属性，或者说此时盘查的属性发生了转化，具体理由阐述如下。

与正式的刑事侦查相比，盘查是在违法或犯罪之前，或者无违法或犯罪迹象之前所进行的盘问和检查活动。这一活动与违法犯罪活动被发觉后，或已有违法犯罪行为后，警察所进行的追缉活动完全不同：警察在违法或犯罪发觉后所进行的侦查活动，具有事后性，其所依循的是刑事诉讼法或其他实体法；而警察在违法或犯罪发觉前所进行的盘查活动，则具有事前性，其所依循的是相关警察职权法规。[1] 由此可见，在理论上，盘查与侦查之间具有相当明显的界分，这种界分形成于警察相关行为的启动与违法或犯罪行为是否被发现的时序关系中。从这一点看，将盘查笼统定位于一种具有行政与司法双重属性的行为，尽管看似周全，但同盘查与侦查在理论上的界限并不吻合。

将盘查定位为双重属性的观点其实是建立在这样的前提之上，即警察的盘查行为都将带来犯罪侦查行为，或者说盘查行为都服务于追诉犯罪的目的。[2] 论者之所以会形成这样的看法，主要还是基于实践中行政警察的职能与司法警察的职能之间紧密联系的状况。实际上，从侦查实践来看，在预防犯罪的行政警察与追诉犯罪的司法警察职能之间确实存在一个灰色地带，在形式上属于行政警察预防犯罪的职能，但其执行过程中往往有可能会侵犯公民的基本权利，其执行结果也常常促成逮捕、搜查、扣押

---

〔1〕 郑善印："警察临检法制问题之研究"，载《刑事法杂志》2002年第5期，第34页。

〔2〕 比如有论者就直接认为，盘查行为是刑事强制措施的前置行为（参见高峰："比较法视野下的盘查措施"，载《现代法学》2006年第3期，第138页）。

等司法警察活动。[1]但仔细分析，我们可以发现这一前提存在一些问题。

首先，实践中的盘查行为并不是绝对地同时服务于犯罪预防与犯罪追诉的目的。应该说，只有在行政警察发现盘查的对象有犯罪行为，或发现其所持物品为犯罪赃物或犯罪工具时，此时盘查的行为才可能是服务于刑事侦查与追诉犯罪的目的。也就是说，只有在警察基于犯罪预防所处理的行政行为转化为刑事案件的侦查行为时，先前的盘查行为才可能服务于犯罪追诉的目的。显而易见，实践中并不都是如此，[2]否则盘查就会直接规定于刑事诉讼法中，而不会规定在《人民警察法》之中了。[3]

其次，尽管实践中的盘查可能促成逮捕、搜查等刑事强制行为，但同样不可夸大的是，这种促成也并不是在每一起盘查行为中都会实现。实际上，即使主张盘查具有双重属性的学者也认为，司法警察任务的启动也只是在行政警察的任务未充分得到履行时才开始。[4]这也表明，盘查行为并不必然会导致刑事追诉行为的产生。在笔者看来，上述两点除了在正面说明盘查双重属性定位的前提存在瑕疵之外，也从侧面说明了下面这一点：实践中的盘查并不仅仅是附随于犯罪追诉的目的，同样也可能只是一种单纯地犯罪预防的警察行政行为。既然如此，倘若笼统地认为盘查具有双重属性，可能并不符合实践中盘查的真实状况。在盘查行为没有转化为追诉犯罪之目的时，不宜认为盘查具有刑事诉讼的司法属性。[5]

因此，笔者以为，对警察盘查权的属性认识应具体分析。警察日常巡逻勤务中基于"预防"目的行使的身份查验、盘问、留置、酒精检测、临检以及公安检查站勤务中的盘查，一般可以认为是一种行政权。但在诸如重大案件侦破中的查控，虽然表面上具有盘查的特征，但本质上是服务于

---

〔1〕　林钰雄：《刑事诉讼法》（上册　学论编），中国人民大学出版社 2005 年版，第 318 页。

〔2〕　根据英国的实证研究，大都市警区每年发生的盘查案件大约 150 万起，其中只有 10 万起发现被盘查人有违法问题，占 7%。据说，上述统计数据还只是实际发生的盘查案件的一半。笔者得到的在春运期间警察对进出站旅客盘查中发现违法问题的数字也支持了这种实证研究（Michael Zander, "The Police and Criminal Act 1984", *London Sweet& Maxwell*, 1990.）。

〔3〕　甘翙："论盘查"，四川大学 2007 年硕士学位论文。

〔4〕　林钰雄：《刑事诉讼法》（上册　学论编），中国人民大学出版社 2005 年版，第 318 页。

〔5〕　甘翙："论盘查"，四川大学 2007 年硕士学位论文，第 23 页。

犯罪追诉的目的，也可以认为是一种侦查措施，此时就是一种具有刑事性质的警察行为。基于分析方便，本书对盘查的分析，侧重于从盘查的"预防性"角度展开，也即只对属于行政权的盘查进行专门研究。

三、警察盘查的法律特征

学界关于盘查的法律特征分析较多，一般均认为其具有干预程度低、对象不特定以及程序简单等特征，下文简述之。

（一）盘查权的干预程度较为轻微

盘查具有强制性，这种强制性主要表现为对公民身体自由权与财产所有权的暂时性限制，属于警察强制措施的范畴。从实际运行看，不管是禁止普通公民继续前进、盘诘可疑人员，还是对相关物品的检查，都会伴随一定的强制力。在具体的盘查过程中，警察的这些强制力都会对公民的权利形成一定的干预与限制，但与强制传唤、扣押等具有高强度的限制措施相比较，盘查可称之为是一种"低强度"的行政强制措施。

依据盘查行为所牵涉的客体对象，盘查行为的强制性主要表现在两个方面，这两个方面均呈现出干预程度较低的特点：一是对公民人身自由的强制。盘查行为对人身自由的强制主要体现为警察对行进过程中公民的阻拦、盘诘公民的身份以及对公民身体的检查与检视；二是对公民财产权的强制。盘查行为对公民财产权的强制主要发生在警察对公民携带与附随物品的检查等行为中。

但需要注意的是，盘查对公民人身权和财产权的限制不同于以证据收集为目的的"检查"，盘查中的"查"，初始意义上是指对当事人的拍身检查和对携带物品的检查，其目的更多在于通过"检查"排除对警察人身安全的威胁，保证后续执法的安全性，其目的并非是获取违法犯罪的证据。比如美国警察的盘查仅能容许有限的、急迫的检视、搜查和扣押，对于人的阻拦留置时间不得超过盘问、拍身所需的必要时间，对人身的检查只限于外部的拍查等。

（二）盘查权行使的目标不特定

盘查一般是在公共场所或者是警察有权合法进入的场所进行，其目标具有随机性和不确定性，在一定区域内符合盘查条件的任何公民，警察都可以基于"合理怀疑"而对其进行盘查，正是区域的不特定性，容易导致盘查对象的随意性和歧视性，此与针对违反治安管理行为人所进行的为收集证据而进行的检查也明显不同。原则上，盘查对象应不包括私人住宅或其他非公共场所在内，如需进入这些场所，则需要公安机关出具检查证明文件，一旦需要使用检查证明文件的场合，文件上则必须载明检查的明确对象和依据，此时已经不是本书所论的盘查概念了。

（三）盘查权的行使程序相对简洁

与刑事强制措施和检查不同，警察在发动盘查行为时，不需要像刑事强制措施一样，事先取得司法令状的授权或先取得相关检查证明文件，警察完全可以根据自己的自由裁量来进行盘查。盘查程序降低了强制措施的程序性门槛，赋予警察较大的自由裁量权。因此，德国行政法理论认为盘查具有时间的紧迫性、程序的简洁性和较高的裁量性等行政即时强制的主要特征，符合行政即时强制的特征，因此属于行政即时强制的范畴。[1]

笔者以为，对盘查的基本含义尤其是对盘查功能的分析，有助于我们更精确把握未来盘查的发展趋势，进一步厘清当前困扰盘查的相关要素及其背后的原因。比如基于信息采集和社会秩序整治的需求，实践中警察往往会放宽盘查的对象和范围，极容易将针对"个体"的盘查演变为特定区域内针对所有人的"普查"，这也是盘查容易被诟病之处。尤其是对于盘查制度，无论是执法的警察个体还是盘查的对象，都没有予以足够的重视，学界对盘查的研究，往往也是基于盘查滥用带来对公民正当权利侵犯抑或警民冲突的背景中展开，缺乏对盘查背后功能的深入探讨，使得盘查的负面影响几乎成为一种能够被警察和公民普遍接受的现实和社会常态。在对盘查的研究中，我们必须正视上述问题的存在，正视盘查功能发挥中

---

〔1〕 傅士成：《行政强制研究》，法律出版社2001年版，第208—219页。

所呈现的负效应，进而提出有针对性的改进措施。

第三节　警察盘查的基本功能

迪尔凯姆指出："为了说明某一社会现象，仅仅指出它产生的原因是不够的；在绝大多数情况下，至少还必须说明在确立社会秩序中的功能。"[1]作为一项具体的法律制度，对盘查基本功能的研究有助于进一步厘清该制度运行的社会基础和内在价值，是制度正当性的重要来源，也有助于我们深入解读盘查权背后冲突的根本原因。

从现代警察产生的那一刻起，预防打击违法犯罪就是警察的基本功能。1829年，英国国会通过了《伦敦大都会警察法》（Metropolitan Police Act），创立了伦敦警察厅，这被认为是现代警察的起源。主导这个历史性进程的是英国当时的内政大臣罗伯特·皮尔（Robert Peel）。他提出的"建警九原则"中第一个原则就提到"警察的使命是要预防犯罪"。作为警察内生的一项基本权力，盘查最主要的功能就是预防违法犯罪。同时，在警察权的历史演变中，盘查运行过程中的信息采集功能、秩序维护和服务公众等职能也日渐呈现。

基于盘查功能具有多样性，笔者从显性功能和隐性功能两方面进行分析。

一、警察盘查的显性功能

警察盘查具有预防违法犯罪和打击违法犯罪的显性功能，被认为是警察盘查的两大显性功能，这种功能与警察的基本职能具有高度关联性。

（一）盘查的预防违法犯罪功能

盘查是巡逻勤务中的一种常见措施，学界和社会公众均认为能够通过

---

〔1〕［美］乔纳森·H. 特纳：《社会学理论的结构》，吴曲辉等译，浙江人民出版社1987年版，第53页。

提高见警率和威慑力来预防和抑制犯罪的发生。盘查权"是世界范围内的警察均享有的权力，无论是当场盘问还是继续盘问，都是预防犯罪于未然，或获得犯罪侦查之线索，或达成维护公共秩序之所谓警察目的"。[1] 学界对盘查预防违法犯罪的显性功能论述较多，笔者不再赘述。[2]

值得注意的是，尽管盘查具有预防犯罪的显性功能，但基于盘查在运行中存在歧视性的负面作用，如果运用不当，则有可能引发警民冲突和警民对抗。比如在美国警察盘查中，长期以来存在对有色人种的歧视性盘查，极易导致大规模的骚乱和警民冲突，反而成为社会不安定的导火索。

(二) 盘查的打击违法犯罪功能

国内外的实证研究均表明，通过盘查发现违法犯罪线索和嫌疑人一直是盘查重要性的体现。据英国内政部的统计，英国全国盘查的人数从 1997—1998 年的 100 万人减少到 2000—2001 年的 686 114 人。其中，有 14% 的被盘查人 (96 056 人) 被逮捕。在同一时期，所有具报的犯罪逮捕中，大约有 7.6% 是由盘查引起的。在对 1997—1998 年伦敦大都会警察局对盘查的分析中发现，对持有杀伤性武器案犯的逮捕 90% 来源于警察盘查。[3]

在我国，盘查对于打击违法犯罪同样发挥着重要作用，尤其在信息社会，"智慧警务+盘查"模式对违法犯罪的甄别更加精准，盘查打击违法犯罪的作用愈发明显。

二、警察盘查的隐性功能

盘查除具有预防和打击违法犯罪的显性功能外，还内含着信息采集、秩序整治和服务警务等隐性功能。

---

〔1〕 曾吉丰："日本警官职务执行法关于盘查之规定"，载《警学丛刊》第20卷，第53页。
〔2〕 美国有实证研究表明，日常巡逻在预防犯罪上的收效微乎其微，并进一步认为应该采取更严厉、专门化的巡逻来预防犯罪。在此情境下，有研究指出警局应当更关注警察巡逻地点时间的分配，很多研究已经证明加强高犯罪率地区的巡逻对打击犯罪具有显著作用。笔者以为，上述对警察盘查效果的研究，并不能得出盘查对预防犯罪的作用日渐式微，相关更加精准的盘查对违法犯罪的预防作用更为明显。
〔3〕 转引自艾明："从显性到隐性：论我国盘查制度的功能"，载《中国人民公安大学学报 (社会科学版)》2009 年第 5 期，第 20 页。

（一）盘查的信息采集功能

大数据被认为是 21 世纪的石油和金矿，智慧社会治理的基础就在于首先要获取相关信息，在风险社会时代，基于大数据的信息收集、分析、评估成为政府治理的重要依据。近年来，我国警务机制的实践表明，作为维护社会稳定重要机关的公安部门，通过警务大数据提高治安治理能力和治理水平的现代化，已成为现代警务机制的必然路径。盘查作为一项常见的街头警务行为，"直接覆盖社会面，可针对不特定的多数人，成为公安机关采集信息的重要手段"，[1] 是治安信息收集的重要途径。正如福柯在《规训与惩罚：监狱的诞生》中提到的，警察是"感知"社会有机体的重要主体，而"盘查"正是福柯所说的"流动注意力"的重要方式，能够为警务机制运行提供有价值的信息。

　　虽然警察作为一种制度确实是按照一种国家机构的形式组织起来的，虽然它确实是与政治统治权的中枢直接相联，但它所运用的权力，它所操作的机制，它的对象都是特定的。这种机构必须与整个社会机体有共同的范围。这不仅仅是在时空的边界极限方面，而且在它所关注的细枝末节方面。治安权力必须"遍及一切事物"。它必须像一种无面孔的目光，把整个社会机体变成一个感知领域；有上千只眼睛分布在各处，流动的注意力总是保持着警觉。[2]

但需要注意的是，信息收集功能是盘查的隐性功能或者说是附带功能，这种隐性功能似乎在实践中使得部分盘查主体对正确采用盘查措施产生了某种程度上的模糊印象，甚至部分盘查人尤其是辅助盘查的协辅警认为盘查的主要任务就是为了更好地采集盘查对象的相关信息，以加强公安机关信息化基础建设，这种印象实际上是对盘查的误解。

〔1〕 艾明："从显性到隐性：论我国盘查制度的功能"，载《中国人民公安大学学报（社会科学版）》2009 年第 5 期，第 21 页。
〔2〕 ［法］米歇尔·福柯：《规训与惩罚：监狱的诞生》，刘北成、杨远婴译，生活·读书·新知三联书店 1999 年版，第 124 页。

（二）盘查的秩序整治功能

在风险社会，人类对秩序和安全的需求日益迫切，作为社会秩序维护者的警察，天生被赋予和寄望于良好秩序构建的主导者角色。长期以来，我国公安机关在社会秩序维护过程中，广泛采用"清查、整治、治理、管控、专项行动"等措施，成为维护我国现代化转型期社会秩序的重要手段。

艾明详细论证了盘查在"人造秩序"中的作用发挥。他认为，新中国成立以来基于我国城乡二元结构现状，劳动教养、收容遣送、收容审查、收容教育等制度都是追求"人造秩序"的产物。[1]改革开放初期我国正处于现代化加速推进阶段，人员流动对中国传统乡土格局带来根本性的冲击，流动人口成为城市"人造秩序"的最主要挑战者。在中国城市化进程中，"隔离和驱逐"策略在形成新的"人造秩序"中发挥着重要作用。伴随着社会转型和城镇化的推进，传统行之有效的劳动教养、收容遣送、收容审查、收容教育相继被废止，但"烈度"更低、更为隐蔽和不为察觉的盘查措施在形塑新的"人造秩序"中却一直在发挥着重要作用。

公安机关通过"预警式盘查""震慑式盘查"和"骚扰式盘查"实际上起到了构造"人造秩序"的作用，这一点正如福柯所言："检查是这样一种技术，权力借助它不是发出表示自己权势的符号，不是把自己的标志强加于对象，而是在一种使对象客体化的机制中控制他们。"[2]

实际上，从西方和欧美社会发展历史看，在现代化初期，驱逐策略均在社会秩序整治中发挥了重要作用，正如美国社会学家布莱克所述："甚至社会边缘性本身也可以被界定为非法。例如，随着中世纪末期封建社会的解体，整个欧洲都有大量农奴从他们祖先的家园流散出来，到处抢劫和乞讨；当这发生后，反流浪法就出现了并且遍及欧洲大陆……早期的纽约

---

[1]　艾明："从显性到隐性：论我国盘查制度的功能"，载《中国人民公安大学学报（社会科学版）》2009年第5期，第22页。

[2]　[法]米歇尔·福柯：《规训与惩罚：监狱的诞生》，刘北成、杨远婴译，生活·读书·新知三联书店1999年版，第14页。

市委任'流浪者和陌生人管理警'看管监督这类人。他们被称为'游民'或'流动工人',无论在什么地方,他们都总是受到警察的特别注意:事实是不论他们是否为主要违法者,无家者几乎总是容易被当作流浪汉逮捕。他们被标示为可能的违法者,他们总是面临着被当作嫌疑犯逮捕的可能性。有前科的人会因警方掌握了他先前的记录而受到警方骚扰,而游民则会因警方没有他们的记录而常常被拘留。流民也经常被装上货车运到很远的某些地点,但最终只是将他们释放。"[1]

欧美现代化初期阶段采取的这种策略在当时较少受到道德谴责,但当前如再采取这种驱逐策略则难以得到社会的道德认同。即便如此,近年来美国白人对有色人种尤其是黑人的歧视性执法,实际上背后同样隐藏着这种隐性驱逐的策略。

(三)盘查的服务警务功能

当前,预防、打击、服务并举的三位一体警务模式得到广泛认可,服务职能愈发重要。新公共服务理念认为,作为政府重要组成部分的公安机关,是典型的公共部门,它向社会提供的是公共安全产品和公共服务,具有行政管理提供公共服务的基本属性。

近年来,随着我国立体化社会治安防控体系的不断完善和基于大数据的智慧警务作用日渐凸显,传统"面对面"的街面侵财型犯罪下降明显,杀人、抢劫、绑架、涉枪、涉爆等严重暴力犯罪案件不断下降,侦破率不断上升,采用传统手段的盗窃、诈骗、抢劫、抢夺等侵财性犯罪日渐呈现智能化、数字化的特点,从线下向线上迁移,暴力转向非暴力的非接触性犯罪特征明显。可以预见,未来一个时期我国传统犯罪数量仍会持续下降,针对传统犯罪的"打不胜打防不胜防"的被动局面将日益迈向犯罪预防的主动局面,长期以来街面警力持续紧张的态势也将逐步得到缓解,公安机关服务警务日渐具备现实基础。

盘查作为预防和打击传统街面违法犯罪的重要措施,将被赋予更多的

---

[1] [美]唐纳德·J. 布莱克:《法律的运作行为》,唐越、苏力译,中国政法大学出版社2004年版,第62页。

服务职能，巡逻、盘查、见警率等概念不单是预防犯罪的固有词汇，还将日益成为服务警务中不可或缺的手段。近年来这种趋势更加明显，比如笔者对普陀山区公安分局"旅游警务"模式的分析中，发现传统"巡逻、盘查、见警率"在旅游警务中的含义和价值已经发生了重大转向，巡逻盘查已经成为服务游客、调解纠纷中的一个重要切入口，打击的职能则逐渐弱化。

第二章

英美法系警察盘查制度

盘查是世界各国警察所普遍拥有的一项权力，但不同的法律传统和社会环境，使得盘查在日常生活中具有不同的呈现，形成了不同的盘查模式。本章基于英美法系传统，试图对英国、美国和我国香港地区警察盘查制度进行归类和梳理，从比较的视角更为全面地展现盘查制度的概貌。尤其是在风险社会背景下，英美国家应对恐怖主义面临艰巨任务，其盘查乃至于警务制度的转型和新发展将有助于进一步探明盘查的未来发展走向。

第一节　英国警察盘查制度

英国警察盘查权力源自普通法的传统，最早可以追溯到 1285 年的《温切斯特法令》，在 1824 年的《流浪法》中得到进一步发展，1984 年的《警察与刑事证据法》则奠定了英国警察盘查的基础。近年来，基于反恐形势的发展和暴力案件的高发，英国普遍扩充了警察盘查权，进一步降低盘查的启动条件以应对严峻的社会治安形势。

一、英国早期成文法对盘查的规定

盘查权是英国普通法上一项有着较为悠久历史的警察权力之一，其概念的形成可以追溯至中世纪的《温切斯特法令》，根据该法的规定，担任城镇治安警戒任务的警察有对重罪犯罪嫌疑人和被害者或目击者指认为罪犯者，以及违反宵禁规定者进行逮捕、追缉、拘禁的权力。警察对在夜间巡逻时发现的可疑之人可以加以拘禁至次日早晨，并进行询问，如果犯罪嫌疑人具有重大的犯罪嫌疑，则可以将其送往地方司法行政官处加以审查，经查明无罪后再予以释放。这种在普通法上基于维护社会治安而赋予警察的，对警察在巡逻过程中发现的对犯罪嫌疑人进行逮捕、追缉、拘禁的权力在英格兰、威尔士得到了普遍的承认，并在漫长的司法实践中逐渐形成了今天英国警察在日常勤务过程中所行使的"拦阻与搜查"（Stop and Search）的权力。

1824 年的《流浪法》颁布的目的是应对 1815 年拿破仑战争结束后英格兰和威尔士越来越多的无家可归者和一贫如洗的城市贫民。战争结束 9 年（1824 年）后，英国陆军和海军的规模大幅度缩减，导致大量退役军人失业或无固定住所，许多人在街头或临时住所过着艰苦的生活。同时，大量爱尔兰和苏格兰的移民涌入英国，特别是进入伦敦等大都市以寻找工作。政府开始担心现有法律赋予警察的权力难以控制这些"流浪者"，因此该法案授予警察在公共场所对流浪者的盘查权，法律禁止任何人在室外流浪或住宿在车库或遗弃的建筑物内，同时授权警察可以逮捕被怀疑有犯罪企图的人。

及至 1829 年，英国警察历史上第一部法律——《伦敦大都会警察法》（The Metropolitan Police Act）以成文法的形式明确规定，警察被授权逮捕"他认为扰乱公共治安秩序的所有松散、闲逛和骚乱无序人员，或者他有正当理由去怀疑任何邪恶计划的人，以及他发现的在日落和第二天早上 8 点之间躺在任何公路、庭院或其他地方，或在那里游荡，并且无法给出一个令人满意的解释的所有人"，[1] 根据这个法律授权，警察在巡逻工作中就必须进行一个甄别，而这种甄别的手段就是盘查。

二、英国警察盘查权的发展

基于民众对警察权的天然不信任和实践中盘查权的滥用，人们普遍担

---

［1］ 胡建刚："英国警察盘查制度研究"，载《吉首大学学报（社会科学版）》2012 年第 3 期，第 113 页。

忧不断扩张的警察权可能会侵犯公民的正当权利，尤其是警察在没有任何监督的环境中进行的盘查更易侵犯公民的权利，此时开始对警察盘查权进行规范和确定，同时依据形势的发展，也同步扩充了警察的盘查权。

1912 年英国在法官推动下形成的"法官规则"，对警察盘查中获取证据的合法性进行了限制，如果警察获取证据违背规则，则法官有可能不予采信，事实上对警察盘查的程序及合法性等进行了规制。1968 年的《火器法》对警察的盘查进行了规定，警察如果基于合理怀疑，认为某人在公共场所携带枪支，无论里面有或没有弹药；或者正在或准备在公共场所以外的地方实施犯罪；可以要求嫌疑人把枪支或弹药交给警察检查。如果当事人没有按照上述要求将枪支或弹药交给警察检查即构成犯罪。此时警察有权对嫌疑人拘押和进行搜查。如果警察基于合理怀疑，认为公共场所的某车辆中有枪支弹药，或者正准备在公共场所以外的地方实施相关联的犯罪，警察有权对车辆进行拦截并进行搜查。[1]其后的诸多单行法又相继赋予警察对车辆、飞机或个人携带物品的盘查权。

三、英国《警察与刑事证据法》中的拦阻和路检

英国 1984 年《警察与刑事证据法》是适度平衡公共安全维护和公民权利保障的产物，在该法中开篇即规定了警察盘查权启动的标准必须基于"合理怀疑"（Reasonable Suspicion），也即警察在公共场所不得任意盘查，必须有合理理由怀疑行人或车辆藏匿违禁品、赃物、危险品时，才可以对行人和车辆进行拦阻与截停，进行暂时性扣留附带进行搜查。由此确立了拦阻与搜查、路检两大主要盘查措施。

（一）拦阻与搜查（Stop and Search）

警察如有正当理由怀疑任何人涉嫌在任何公共场所带有或在车上藏有

---

〔1〕 胡建刚："英国警察盘查制度研究"，载《吉首大学学报（社会科学版）》2012 年第 3 期，第 114 页。

偷盗物品或违禁物品，[1]即可就地拦阻和搜查可疑人和可疑车辆，发现这些物品后，即予没收。所谓任何公共场所，系指公众可以以付钱方式或不必付钱就可以自由出入、自由来往的地方，如街道、公园、足球场地、舞厅、剧院等，但不包括私人俱乐部、学校、私人住宅。如果可疑人未征得住宅主人的明许或默许，私自进入或驾车驶入住宅区，警察则有权对其进行盘查。

（二）路检（Road Check）

警察为盘查已经实施严重犯罪的嫌疑人和见证人，或即将进行严重犯罪的嫌疑人，可以行使路检的权力，即有在必要的公路地段拦截可疑车辆的权力，而且可以在以下四种情况下设置路障：（1）有正当理由相信有人已在该处或将在该处实施严重犯罪；（2）在该处查找严重犯罪活动的证人；（3）有正当理由相信严重犯罪的作案人在该处或将在该处附近潜藏；（4）有正当理由相信逃犯在该处潜藏。进行路检须经一名警司或警司以上的警官书面批准，[2]警司可以同意继续路检，也可命令停止路检。

四、英国警察盘查制度的新发展

进入 21 世纪，为应对日益严峻的恐怖主义和经常发生的暴力犯罪，世界各国警察普遍开展了一场扩权行动，尤其是在"9·11事件"之后，"各国立法者纷纷认识到，要充分保障公众安全，遏制恐怖主义，必须强化国家权力对公共秩序的干预，传统中被处处掣肘和严格制约的警察权，在对日益组织化、隐蔽化的恐怖主义犯罪的斗争中，往往显得无能为力"，[3]警察权的扩张几乎成为一种世界性潮流，以不断加强对社会治安的控制。表现在盘查制度上，英国对"合理怀疑"标准进行了部分修正，明确了不

---

〔1〕　指毒品、枪支、作案工具、攻击性武器等。所谓攻击性武器，系指用以伤人的物品（如弹簧刀、指节铜套、内装金属的橡皮棒等）和用以伤人的改制物品（如磨出尖刃的硬币等）。

〔2〕　其内容包括路段和期限，一次最多批准一周。申请批准时应写明盘查的目的和犯罪活动的性质。如果在紧急情况下，联系不上一名警司，其他任何警衔的警官都可以作出决定，但事后必须尽快找到一名警司，补办申、批手续。

〔3〕　陈晓济："警察权与公民权的平衡"，载《天府新论》2008 年第 1 期，第 11 页。

需要"合理怀疑"为基础的盘查。

这种不需要"合理怀疑"为根据的盘查权的行使仅限于英国 1994 年《刑事审判与公共秩序法》第 60 条和 2000 年《反恐怖法》第 44 条规定的情形，但这两种例外情形也必须在事前得到警察局长或以上级别的官员的许可，并明确这种非常态的拦阻与搜查权力行使的时间和区域范围。根据《刑事审判与公共秩序法》第 60 条的规定，警察局长批准在特定时间和区域内许可警察进行缺乏"合理怀疑"根据的搜查时必须有理由相信在其管辖区内有严重的暴力事件将要发生，[1] 有必要授权警察进行较为宽泛的搜查以防止暴力事件的发生。在暴力行为已经发生或可能从事暴力活动的嫌疑人携带的危险器具或其他武器已经被发现，或暴力活动可能已经发生，为了防止或处理该暴力事件，在该区域内继续实施无"合理怀疑"根据的责令停止与搜查权力仍有必要时，可以将警察局长的授权延长 24 小时。[2]

2000 年英国《反恐怖法》规定，在得到紧急状态指令后，着装警察并不需要基于合理怀疑就可以启动盘查权，此种无"合理怀疑"根据的拦阻与搜查，允许警察基于授权对机动车、机动车内的人员、行人进行拦阻与搜查，以检查那些可以用来从事恐怖活动的物品。在实施反恐盘查过程中，警察可以对盘查对象留置适当的为其进行搜查所需要的时间，并且可以合理地使用强力，但是在盘查中警察不能要求被盘查对象在公开场所脱去除帽子、夹克外衣、鞋子之外的其他衣物。

2001 年 12 月 19 日生效的《英国反恐怖、犯罪及安全法案》在 2000 年《反恐怖法》的基础上又进行了修改，增加了一些新的条款。具体包括：反恐怖和安全条款；对恐怖组织的财产冻结条款；对移民和庇护的条款；对病毒、病菌的控制条款；记录通讯资料的条款等。法案的主旨是为了在多方面增强法制，确保政府有足够的能力对付日益逼近英国的恐怖威

---

〔1〕 在英国内政部 2005 年发布的《拦阻与搜查手册》（Stop and Search Manual）中认为，1994 年《刑事审判与公共秩序法》第 60 条所指的暴力事件主要是指足球流氓骚乱、黑帮伙拼等类似性质的可能严重影响公共秩序的行为。

〔2〕 "Stop and Search Manual 20", www.thamesvalley.police.uk/stopandsearch_intermanual.pdf，最后访问时间：2011 年 6 月 10 日。

胁，最终禁止从事恐怖活动和境外将英国作为基地，从事非法筹款、煽动民族宗教仇恨、制造暴力等活动，在反恐领域进一步扩大了包括盘查在内的警察权力。

第二节 美国警察盘查制度

美国法渊源于英国法，同属英美法系，在警察盘查制度上具有很多相通性，但在美国警察盘查历史演变中，也逐渐形成了独具美国特色的盘查制度，其中特里诉俄亥俄州案（Terry v. Ohio）在美国警察法史上具有里程碑的意义，是研究美国警察盘查制度绕不过去的案例。

一、美国警察盘查权的宪法规范

美国法的主要特色是释宪权与审判权相结合，非常重视判例法，法官拥有司法审查权。因此，美国有关警察职权的法律依据，分别是成文法和判例法两大部分。美国宪法第四修正案内含了美国警察盘查、搜查的严格规定，而以特里诉俄亥俄州案为代表的一系列案例，则以判例法的形式对盘查权的启动作出更具针对性、更易操作的规定。

谈到美国警察的盘查权，肯定绕不开美国宪法第四修正案，第四修正案是美国权利法案的一部分，其主要内容如下：

> *The right of the people to be secure in their persons, houses, papers and effects, against unreasonable searches and seizures, shall not be violated, and no Warrants shall issue, but upon probable cause, supported by Oath or affirmation, and particularly describing the place to be searched, and the persons or things to be seized.*

> 人民的人身、住宅、文件和财产不受无理搜查和扣押的权利，不得侵犯。除依照合理根据，以宣誓或代誓宣言保证，并具体说明搜查地点和扣押的人或物，不得发出搜查和扣押状。

第四修正案之所以作出上述规定，目的就在于保障公民正当权利，禁止无理搜查和扣押，并要求搜查和扣押状的发出有"相当理由"的支持。美国法律受英国影响颇深，宪法第四修正案也可以从英国法律学说中找到根源。爱德华·柯克爵士在1604年的一个案件中提出："每个人的房子就是每个人的城堡和要塞，他可在此保卫自己免受侵害和暴行，也可在此休息。"他进一步认为，国王并没有肆无忌惮的权力去打扰他的臣民的住所，但也指出，如果政府工作人员在目的合法且已获得搜查令的情况下，可以获许进行一定程度的搜查和扣押。[1]

虽然英国早在17世纪就已经认识到公民人身权不受侵犯的重要性，但在美国建国前，大英帝国政府曾下发通用搜捕状，据此，北美大陆的警察、治安人员可以任意进入任何人的私有领地进行搜查，包括所有的"房子、仓库、商店、地窖、船只、包裹、箱子、盒子、桶、任何行李，进行打开搜查"，以寻找没有按贸易法交税的货物。[2]这样的做法导致新大陆居民的普遍不满，也是美国革命爆发前局势紧张的一个重要原因，第四修正案就是针对这种搜捕状作出的回应。该修正案与权利法案中的其他条款一起于1789年由詹姆斯·麦迪逊在第一届联邦国会上作为一系列立法细则提出，先由联邦众议院于1789年8月21日通过，再于1789年9月25日通过国会两院联合决议案正式提出。国会于1789年9月28日将提出的修正案递交各州，到了1791年12月15日终于获得美国宪法第5条中规定的四分之三多数州的批准。1792年3月1日，国务卿托马斯·杰斐逊正式宣布修正案通过。

基于美国宪法第四修正案对公民人身自由权的严格保护，警察无权肆意对公民进行拦截搜身，必须具备一定条件方可实施搜查，比如必须要有司法令状之类的前提条件，否则其所搜查获取的诸如武器等将成为"毒树之果"并不能作为证据被有效采信，这也是美国法中正当法律程序原则的

---

〔1〕 Kilman, Johnny, George Costello eds., *The Constitution of the United States of America: Analysis and Interpretation*, GPO, 2006, pp. 1281-1282.

〔2〕 林达：《历史深处的忧虑》，生活·读书·新知三联书店2013年版，第185页。

要求。需要注意的是，美国是一个允许公民拥有枪支的国家，但在公共场所则是不允许携带的，如果警察怀疑公民于公共场合携有枪支，即使是怀疑其有实施恐怖行径的意图，只要警察对其采取措施的方式和程序违反法律规定，即便携枪者真的具有犯罪的故意，警察也搜出了枪械，那也不能作为对其定罪的证据。根据宪法第四修正案和第十四修正案（Fourteenth Amendment to the United States Constitution）的规定，[1]不但此人无罪，相反警察却很有可能因其行为程序的非正当性而构成对公民人身自由权利的侵害而面临的处罚。

很多人可能会问：这怎么可以？这不是对犯罪嫌疑人的一种纵容和对社会秩序的一种不负责任吗？确实，警察经常会遇到一些突发的情况，美国枪击案又如此多发，尤其是在"9·11事件"之后，警察更是绷紧了反恐的神经，特殊情况下，如果要满足宪法第四修正案和第十四修正案所规定的必备条件，可能就会影响执法的效率，无法"将危险扼杀在萌芽之中"，可能带来更为严重的后果。第四修正案对于警察拦截搜身所必备条件的规定，更为侧重于保障人权，这在美国反抗英国殖民统治及其建国初期公民对政府不信任的时代背景下容易理解，但在保护警察的人身安全、打击犯罪和维护社会秩序的效果方面，并不能满足社会形势发展的需要，的确制约了警察执法的有效性。

因此，从1960年开始，美国联邦最高法院作出了一系列的司法判决，试图矫正宪法第四修正案对警察盘查过于严厉的规定，以实现保障人权与提高执法效率的平衡，其中最具代表性的即是特里诉俄亥俄州案，[2]由此也开启了美国刑事司法体系的革命性变革。

二、特里诉俄亥俄州案："合理怀疑"标准的确立

特里诉俄亥俄州案，是美国最高法院作出的一项具有里程碑意义的判

---

〔1〕　第十四修正案于1868年7月9日通过，是三条重建修正案之一，其中规定了正当程序条款，禁止各州未经正当法律程序而剥夺任何人的生命、自由或财产。

〔2〕　U. S. Supreme Court：TERRY v. OHIO，392 U. S. 1（1968）392 U. S. 1.

例，由美国最高法院第 14 任首席大法官厄尔·沃伦（Earle Warren）主导。

沃伦是美国著名政治家、法学家，曾经担任过美国加利福尼亚州州长，1953 年至 1969 年期间担任美国首席大法官。在担任首席大法官期间，美国最高法院作出了很多涉及种族隔离、民权、政教分离、逮捕程序的著名判例，包括 1954 年的"布朗诉教育委员会案"（裁定公立学校种族隔离违宪）、1962 年到 1964 年期间以"贝克诉卡尔案"（极大地提高了城市选区选民的投票权重，强调各选区间选票价值的相对平等）、"赫尔南德斯诉得克萨斯州案"（裁定墨西哥裔美国人有权参加陪审团）、1964 年的"纽约时报诉沙利文案"（确立了对公众人物诽谤案件的"真实恶意原则"），1966 年的"米兰达诉亚利桑那州案"（也被称为"米兰达警告"）。2006年，沃伦被美国权威期刊《大西洋月刊》评为影响美国的 100 位人物之一（名列第 29 位），由此可见沃伦主导美国最高法院期间的判决对美国社会的深远影响，此时的美国最高法院也被称作"沃伦法院"。

美国法学家认为，沃伦法官是一位注重维护公民权利和自由的自由主义大法官，但在特里诉俄亥俄州案中，沃伦一反常规，更注重对警察人身安全和社会秩序的维护。虽然诸如"沉默权"的判决使得执法者的工作在程序上增加了许多限制，对执法者而言案件变得更棘手难办了，但沃伦法庭却从未使得办理案件对于执法人员的人身变得更为危险。特里诉俄亥俄州案确立了当执法者基本的人身安全存有危险之虞时有利于执法者实施搜查的理念，从中我们也能够看出沃伦是一位理性的、注重实际效果的实用主义大法官，他并没有偏执地坚信公民权利和自由的绝对保障，哪怕这种权利和自由是由宪法（宪法第四修正案）规定的。特里诉俄亥俄州案的司法判决，就是这种试图矫正宪法修正案的体现。[1]

1963 年 10 月 31 日，克利夫兰警察局 62 岁的侦探麦克法登着便衣看到两个人站在欧几里得大道 1276 号的街角，他们就是后来全美皆知的特里和奇尔顿，以麦克法登侦探几十年的从警经历，他一眼就看出二人形迹非

---

〔1〕 具体判决参见 Supreme Court of the United States：John W. TERRY, Petitioner, V. STATE OF OHIO（Cite as：392 U. S. 1, 88 S. Ct. 1968）。

常可疑。要知道，侦探麦克法登正以甄别扒手而闻名整个克利夫兰警察局。麦克法登就静静地站在那里默默观察，他注意到这两个人沿着同一条路线来来回回走了好几遍，鬼鬼祟祟，窥视着附近的一家商店的窗户，然后再折回街角，两人重复做这种动作有五六次之多，在这个过程中，又有第三个人（卡茨，Katz）加入其中，他和刚才的两人耳语一阵后迅速离开，麦克法登怀疑他们正在"踩点"并打算实施抢劫，于是悄悄跟了上去，看到他们与第三个人在一个商店前面重新会合。

或许是这三人太过于专心，直到麦克法登接近三人并表明自己警察身份后他们才发现被警察盯上了。至此为止麦克法登对他们的了解仍只局限于他自己的观察，对他们其中任何一人都并不熟悉，也没有关于他们任何一个人的信息来源。麦克法登询问他们三人的名字，一个人嘀咕了几声，于是麦克法登上前抓住了本案的上诉者特里，将他转过身来以便和另外两人面对面，接着便向下轻拍特里的外衣。麦克法登明显感觉到了在特里大衣口袋里的手枪，麦克法登把手伸进特里大衣的口袋里，但无法把枪拿出来。麦克法登命令三人走进商店，脱掉特里的外套，拿出了一把左轮手枪，并下令三人举起双手面向墙壁站立。麦克法登又拍打了奇尔顿和卡茨的外套，又从奇尔顿外衣中拿出一把手枪。他没有把手伸进卡茨的衣服里面，因为通过拍打发现卡茨并没有携带武器。三人被带到警察局，特里和奇尔顿随后被指控携带隐藏的武器。

二人对警方的指控不服，向法院提起诉讼，他们认为，警方的搜查违反了宪法第四修正案的规定，警察在没有搜捕令或相当理由的情形下，对其实施当街拦截、询问并搜身的行为构成宪法第四修正案中所规定的"扣押"与"搜查"，是明显违反宪法规定的，构成对公民人身自由权利和隐私的侵害。

在诉讼中，特里和奇尔顿进行无罪申请，但法院裁定他们罪名成立。之后第八司法区中级上诉法院仍维持原判。俄亥俄州最高法院基于本案未涉及重大宪法问题而对特里和奇尔顿的上诉申请不予考虑，维持原判，但是同意移交此案至联邦最高法院以判定在宪法第四修正案下通过侵害上诉者获取的证据是否有效。

如此一来，便产生了本案的争议问题，即基于合理怀疑对犯罪嫌疑人特里及其同伙所实施的拦截拍身行为是否违宪，通过上述拦截搜身行为所获取的证据是否有效。

案件一旦与宪法扯上关系，联邦最高法院的法官也不得不慎重对待，但针对此案，即便是审案经验非常老到的联邦最高法院的法官们，意见分歧也很大。以首席大法官沃伦为代表的大部分意见认为，宪法第四修正案所保护的"是人，而不是地方"，特里遭到的人身扣押属于宪法第四修正案管辖的情形，但是第四修正案只是要求禁止不合理的扣押。该案中警察是基于多年来的工作经验产生的合理怀疑，并且是在情况紧急的情形之下，为了保护自身和他人安全，才对嫌疑人进行拦截搜查的，这种行为是正当的。并且本案中警察的每一步行动都严格控制在调查所必需的最低限度以内，自始至终警察的行为和当时所处的情形都是相符的。搜身必须被严格地限定在一定范围，以及搜身的正当与否必须根据当时的环境来评判和证明。警察为了搜出武器而实施当街拦截及随之的"轻拍"行为的权力理应限制在第四修正案和第十四修正案所规定的范围内，但是警察实施当街拦截和搜身行为的权力并不取决于他是否持有正式的司法令状，也不取决于他是否具有相当理由，而是取决于特殊情形下行为的合理性。[1]也即沃伦认为，在此种情况下，具有"合理怀疑"（Reasonable Suspicion）即可以启动盘查程序。

而以道格拉斯（William Douglas）为代表的反对派则主张：在宪法第四修正案下，为寻找枪支而搜查上诉人特里及其同伴身体的行为构成"搜身"，当事人被以携带隐匿武器的罪名起诉，警察却没有"相当理由"（Probable Cause）来证明犯罪行为正在实施，他的推论是没有依据的。道格拉斯认为盘查权的启动必须满足宪法第四修正案中"相当理由"的证据要求。

---

〔1〕 Terry v. Ohio, http://en.wikipedia.org/wiki/Terry_v._Ohio#Case, 最后访问时间：2018年7月21日。

在争论中，首先法院关注了一项经常被州检察官和警察使用的论据，即在应对处置发生于街头、迅疾展开且通常又具有危险性的事态中，警察需要采取一系列的灵活反应，这与警察掌握的信息数量有关。出于这个目的，有必要区别"截停"与"逮捕"（或是对人身的"扣押"），也有必要区别"轻拍搜身"和"搜查"。因此，警察应当被允许截停某人并针对其可能与犯罪活动有关联的嫌疑进行询问并基于此目的可以短暂留置其人身。对于怀疑持有武器的人员，警察应当有权力为查获武器拍身搜查。而如果通过截停后的停留问话和拍身搜查获得了"相当理由"相信嫌疑人实施了犯罪，警察应当被授予实施一次正式"逮捕"的权力，同时也被赋予实施一次基于逮捕权力的附带完整"搜查"嫌疑人的权力。

最终这一论点说服了最高法院的大部分法官，多数意见认为，当警察凭借经验而非直觉对犯罪嫌疑人的可疑行为产生合理怀疑时，为了保护自身和周围他人的安全，其有权拦截嫌疑人对其进行询问和调查；如果警察有相当理由认为嫌疑人携带武器，即可对其进行必要限度的搜身，甚至逮捕。

判决指出："发生在街头的公民与警察的遭遇的形式其丰富多样性令人难以置信。从完全友好式的互致问候彼此交换有用的信息，到涉及逮捕、人身伤害甚至生命损失的持有武装人员间的敌意对峙。况且敌意对峙也并非全是一种样式。有些是以足够友好的方式开始，只是在谈话中注入了一些不能预料的因素后才转而成敌意。"[1] 也就是说，最高法院承认，仅仅在履行保护公众生命财产的工作时警察就不得不面临多种多样的情形，这些情形可能是紧张的不确定的急速发展演变的各种情势。警察不能总是等待出现"相当理由"时才执行逮捕，总要有一种办法使得警察在有合理怀疑认为有人卷入犯罪并具有危险性时能够保护自己并开展调查，而且这种办法又要让警察有足够的灵活度以应对快速发展的情势。在这种情势中警察需要的是符合实际基于常识的方式来保护自己和他人的安全。而

---

〔1〕　Supreme Court of the United States：（Cite as：392 U. S. 1，88 S. Ct. 1968）John W. TERRY, Petitioner，V. STATE OF OHIO. No. 67. Argued Dec. 12，1967. Decided June 10，1968.

特里诉俄亥俄州案中警察的做法即符合这种需求。

在特里诉俄亥俄州案中，首席大法官沃伦代表最高法院发表司法意见，表达了以下论点："如果要求警察在履行职责中去冒不必要的危险，这当然是不合理的做法，美国的犯罪人员有持有武装实施暴力的长远传统，这个国家里每年有为数众多的执法者在履行职责中被杀，更多的数以千计的执法者负伤。几乎所有的这些死亡和大部分的伤害都是由刀具和枪支造成的。鉴于以上事实，我们不能遮蔽自己的眼睛，无视执法者和其他可能遭受暴力犯罪的受害人在缺乏相当理由去执行逮捕的场合中的需要。当警察有正当理由相信他近距离接触的、正调查其可疑行为的个人持有武装并对警察个人或是他人产生当即的危险之时，如果否认警察有权力采取必要的措施去确定是否该嫌疑人实际上携带有武器弱化物理伤害的威胁，这显而易见是非常不合理的做法。"[1]

但是，警察能够采取什么"必要的措施"呢？最高法院的司法意见中对此作出了回答：

We merely hold today that where a police officer observes unusual conduct which leads him reasonably to conclude in light of his experience that criminal activity may be afoot and that the persons with whom he is dealing may be armed and presently dangerous, where in the course of investigating this behavior he identifies himself as a policeman and makes reasonable inquires, and where nothing in the initial stages of the encounter serves to dispel his reasonable fear for his own or others' safety, he is entitled for the protection of himself and others in the area to conduct a carefully limited search of the outer clothing of such persons in an attempt to discover weapons which might be used to assault him. [2]

---

〔1〕 Supreme Court of the United States: (Cite as: 392 U. S. 1, 88 S. Ct. 1968) John W. TERRY, Petitioner, V. STATE OF OHIO. No. 67. Argued Dec. 12, 1967. Decided June 10, 1968.

〔2〕 Supreme Court of the United States: (Cite as: 392 U. S. 1, 88 S. Ct. 1968) John W. TERRY, Petitioner, V. STATE OF OHIO. No. 67. Argued Dec. 12, 1967. Decided June 10, 1968.

如果警察观察到了不寻常的举动，从而导致警察根据其经验得出结论：犯罪活动可能即将发生并且警察所将要面对的人持有武装并具有即时危险性；那么，在调查这一行为的过程中，如果警察表明了身份并作出了合理的询问，同时在遭遇的开始阶段不存在能打消警察对于其自身和他人安全的合理恐惧的事项，那么警察有权出于保护其个人和在现场其他人的目的，针对这些人员的外层衣服实施一次试图发现可能用来威胁警察的武器的受到审慎限制的搜查。

也就是说，在街头遭遇的场合中，方便记忆的规则是：

第一，当警察产生合理怀疑，认为某人已经或正在或即将实施犯罪，警察可以扣押并限制其人身一段合理的时间。仅仅出于"合理怀疑"，警察有权实施扣留人身，但是如果要实施一次逮捕则必须具有"相当理由"作为依据。[1]

第二，在扣押人身过程中，如果警察进一步产生"合理怀疑"，认为正在处置中的人持有武器或具有危险性，警察可以实施拍身搜查，也就是对衣服的外部自上而下快速拍打，目的是确定其是否持有武器。仅仅出于合理怀疑就可以实施拍身搜查，但是警察如果要实施一次逮捕则必须有"相当理由"作为依据。需要注意的是，虽然"合理怀疑"可以启动拍身搜查，但此处拍身搜查的目的是保障警察人身安全的考虑，而不是为证实或排除违法犯罪的需要，此处的"拍身搜查"严格说来不是一种对相对人权利的限制，而是为保障警察人身安全的必须所附带的对相对人权利的限制。也就是说，为进一步证实或排除违法犯罪而对相对人进行人身和物品的搜查，必须要有"相当理由"而不能基于"合理怀疑"。[2]

第三，如果发现有隐藏的武器，警察可以将武器扣押。警察可以指控相关人员持有隐藏的武器。

---

〔1〕　此处的"扣押并限制其人身一段合理的时间"，其实就是我国法律中的"当场盘问检查"，也即"合理怀疑"，应该是"当场盘问"的启动条件。

〔2〕　此处的"相当理由"，与我国警察实施"继续盘问检查"的启动条件类似。

    如果警察能够清晰地讲述出可能的犯罪活动确在身边上演的事实,警察即可以使用合理的武力短暂截停该嫌疑人并对其进行询问,这是警察可以使用的最便捷的调查程序。此时这种接触并不是基于被询问人自愿性的接触,换言之,警察可以对嫌疑人进行短暂的调查询问并在合理的时间段内限制其自由。

    但在仅仅存在合理怀疑之时警察不能实施完整的搜查,当警察能够清晰表达出他有合理的怀疑认为被停留询问之人当时可能有武器或具有危险性之时,警察能实施的搜查也只是出于保护自己和第三人的目的而对嫌疑人外层衣服实施拍打,这种拍身搜查直接且唯一的目的只能是找出武器。当然如果在拍身搜查中合法地发现了其他的事实和新的情势,并依此形成了足以支持相当理由的事实和情势,则可以对嫌疑人实施完整的搜查。

    一般来讲,清晰表达的合理怀疑所依据的事实往往包括:怀疑嫌疑人实施的是闯入建筑物的犯罪行为,因此很可能携带有入室所需的工具,比如螺丝刀、撬棒等明显可以用来作为武器使用的器具,或是警察仅仅需要清楚表述出嫌疑人的衣着显示其可能暗藏武器,如衣服的口袋凸起或衣着过厚臃肿等。

    另外,美国警察盘查规则的确立,除了特里诉俄亥俄州案外,还相继通过一系列案例予以明确。

    "一目了然"规则。哈里斯案(Harris v. United States,1968)确定了该规则,警察在盘查时,只能在合法的位置观察,不能用手或借助外物翻动物品,但可以使用手电筒照射,视线所及的范围内所获得证据都是合法有效的。这项规则主要应用于机场和道路检查中的无令状附带搜查。

    "立即可控制"规则。在基梅尔案(Chimel v. California,1969)中规定,附带搜查的范围仅限于"犯罪嫌疑人立即可控制的范围"。这个范围是指犯罪嫌疑人可能取到武器或是接触到证据的范围,主要是为了保障警察执法过程中的安全以及对犯罪嫌疑人隐私权的保护。对于车辆的附带搜查,其立即可控制范围包括整辆汽车的内部,但汽车后备厢只有在有相当理由的情况下,才能进行附带搜查。

"较少隐私权期待"规则。这一规则规定了警察有权对汽车内的同乘人员进行附带搜查。若是要求警察只有在有相当理由的情况下才能对同乘人员进行搜查，则不利于证据的掌握。乘客同意与驾驶员同坐一辆车，则表示能够接受与驾驶员一样的较少隐私权期待。这个规则也表明了与个人隐私权相比，公共利益应放至首位。因此，即使警察没有理由怀疑同乘人员，也有权要求其下车接受检查。

"综合考虑"规则。针对不同的案件情况，警察应该综合各方面掌握的证据情况，合理推断，不能仅凭主观感觉去推测。如在西部森案（Sibron v. Newyork，1968）中，警察看到嫌疑人与多位吸毒惯犯交谈，通过主观推测怀疑其非法携带毒品，并在嫌疑人口袋中搜出海洛因。最高法院认为，警察只是看到嫌疑人与人交谈，并未知悉具体内容，仅是基予主观经验的推测，不足以构成合理怀疑而对其进行盘查，因此警察的盘查是非法的，所搜查到的证据也是不合法的。

除了上述规则之外，1942年美国还制定了《联邦统一逮捕法》，进一步明确了盘查与逮捕不同的启动标准：警察盘查权的启动基于"合理怀疑"，而实施逮捕必须具有"相当理由"。美国警察并不能理所当然地对被盘查人任意搜身及翻动随身物品，除了在某些特定条件下，一般情况下警察只能对被盘查人实行身体外部的拍触。如果警察在公共场所发现的可疑情况达到"合理怀疑"的程度，警察就可以对行人进行拦截，并调查其身份及外出目的地等。若是嫌疑人无法出示有效的文件证明身份或是无法合理解释自己的行为，警察可以临时拘押嫌疑人并将其带至警察局继续盘问，但是时间不能超过两个小时。若查无证据，则应立即释放，并且不可以留下任何官方记录；若是发现有众多疑点，则可上升至"相当理由"，可以向法院申请逮捕令。在美国警察的工作过程中，合理怀疑的产生受到了事件当时的特定环境因素的制约和影响，单纯的神色慌张并不能成为理所当然的"合理怀疑"的理由。

因此，我们也能够看到，相当理由与合理怀疑的概念，在本质上并无不同，只是在程度上存在差异而已，其在主观认识、客观事实与执法措施之间具有不同的关系。

此外，美国法律还对警察盘查过程中的程序进行规定，如要求警察在有合理怀疑的情况下，只能进行有限的询问，内容涉及对方的姓名、住址、哪里来哪里去等；使用强制力不得过当，只能用身体，不能使用警棍和武器；只能在公共场所进行盘查；不得强迫嫌疑人回答问题，不能将对方拒绝回答问题作为逮捕的理由；搜查方式仅限于表层的上下拍身，不能进行更深入的搜查，拍身的目的只能是防止对方持有武器对警察构成人身威胁，而不能是搜查证据；盘查时间一般不能超过 20 分钟等。[1]

需要注意的是，无论美国宪法及相关判例法对警察权如何规范，但实践中美国社会存在的系统性歧视和白人与有色人种的不平等，则是长期存在的社会现实。美国学者托马斯·索维尔在其《美国种族简史》一书中指出，"肤色在决定美国人的命运方面，显然具有举足轻重的作用"。[2] 2020 年美国白人警察"锁喉跪压"致黑人男子弗洛伊德惨死事件的发生，再次点燃了种族和暴力的火焰，对警察针对黑人暴力执法的抗议运动席卷全美。

据中国人权研究会 2019 年《美国根深蒂固的种族歧视问题凸显"美式人权"的虚伪》报告显示，美国执法领域存在着根深蒂固的种族偏见。首先，非洲裔的被捕率远高于美国其他种族。全国至少有 1581 个警察局的非洲裔被捕率高于其他种族 3 倍，超过 70 个警察局的非洲裔被捕率高出其他种族 10 倍以上，最高的甚至达到 26 倍之多。其次，警察在执法中偏袒白人。全国各地警察部门的统计数据显示，在实施"零容忍"街头执法策略地区，警察逮捕的对象主要为贫困社区中的非洲裔，而对富裕白人社区的同样行为则视而不见。再次，警察还针对少数种族实施圈套执法。在缉毒行动中，美国酒精、烟草、火器和爆炸物管理局使用执法圈套锁定的犯罪嫌疑人中，91%是少数族裔。美国民权联盟的报告显示，非洲裔和白人吸食

---

〔1〕 缴济东："英国、美国警察的盘查权力"，载赵可主编：《国外警学研究集粹》，中国人民公安大学出版社 1999 年版，第 118 页。

〔2〕 [美] 托马斯·索维尔：《美国种族简史》，沈宗美译，中信出版社 2011 年版，第 23 页。

大麻的比例相当，但是前者因携带大麻被捕的可能性是后者的4倍。[1]

　　美国警察在盘查中的种族歧视现象则更为明显。笔者2014年在美国利格城警察局参与美国警察巡逻勤务，曾对美国巡逻警察进行了专门访谈，提出警察如何判断截停对象的问题。美国警察告诉笔者，截停是一项经验性很强的工作，一般在非洲裔黑人较为集中的区域，截停比例会很高，那些开的车辆比较破旧、车载音乐声音很响的黑人司机被警察截停的可能性极大。美国国家公共电台（National Public Radio，NPR）一个最新的民意调查显示，有60%的美国黑人称他们或者他们的家人曾经被警察在路上截停并且受到不公平的对待，而原因只有一个，因为他们是黑人。此外，有45%的人称他们或他们的家人曾经受到法庭不公平的对待，因为他们是黑人。[2]具体数据见图2-1。

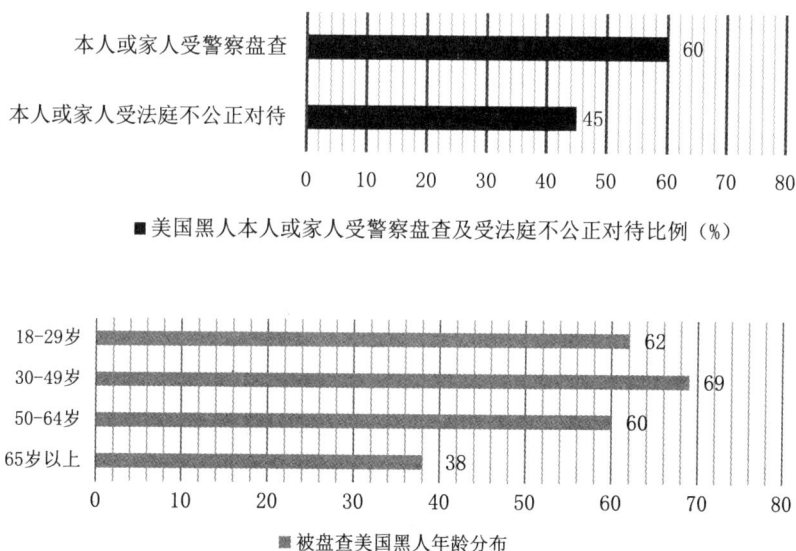

■美国黑人本人或家人受警察盘查及受法庭不公正对待比例（%）

■被盘查美国黑人年龄分布

图2-1　美国黑人遭歧视性盘查具体信息统计

〔1〕　中国人权研究会："美国根深蒂固的种族歧视问题凸显'美式人权'的虚伪"，《人民日报》2019年7月27日，第7版。
〔2〕　"从种族到阶级：为什么美国黑人会这么愤怒？"，载澎湃新闻，https://www.thepaper.cn/newsDetail_ forward_ 7668361，最后访问时间：2020年6月24日。

（续图）

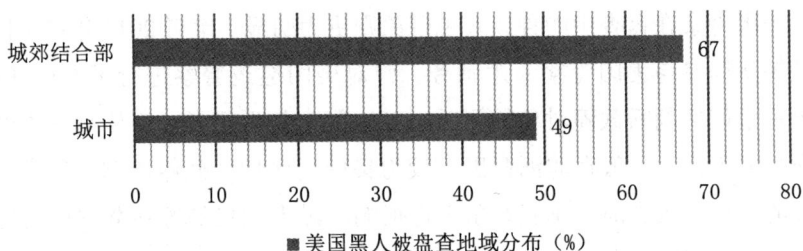

图 2-1　美国黑人遭歧视性盘查具体信息统计

第三节　我国香港地区警察盘查制度

我国香港地区《警队条例》第 54 条、第 55 条明确规定了警察盘查的权力，主要分为截停、扣留及搜查的权力和截停、搜查及扣留涉嫌运送被窃财产交通工具或人的权力两大类。

一、截停、扣留及搜查

我国香港地区《警队条例》第 54 条实际上确立了警察盘查和扣留的两种情形，即基于行为人的"行动可疑"和基于警察的"合理怀疑"。

第一，警务人员如在任何街道或其他公众地方，或于任何船只或交通工具上，不论日夜任何时间，发现任何人行动可疑，警察均可将其截停和扣留。可以截停该人以要求他出示身份证明文件供该警务人员查阅；可以扣留该人一段合理期间，在该期间内由该警务人员查究该人是否涉嫌在任何时候犯了任何罪行。根据现场判断，如果警务人员认为必要，可以向该人搜查任何可能对该警务人员构成危险的东西以及扣留该人一段为作出该项搜查而需要的合理期间。

第二，警务人员如在任何街道或其他公众地方，或于任何船只或交通工具上，不论日夜任何时间，发现任何人是他合理地怀疑已经或即将或意图犯任何罪行者，警务人员均可采取以下行动：截停该人以要求他出示身份证明文件供该警务人员查阅；扣留该人一段合理期间，在该期间内由该警务人员查究该人是否涉嫌在任何时候犯了任何罪行；向该人搜查任何相当可能对调查该人所犯或有理由怀疑该人已经或即将或意图犯的罪行有价值的东西（不论就其本身或连同任何其他东西）；扣留该人一段为作出该项搜查而需要的合理期间。

二、截停、搜查及扣留涉嫌运送被窃财产交通工具或人

我国香港地区《警队条例》第55条主要规定了对交通工具和人的盘查。根据规定，任何警务人员，如有理由怀疑任何船只、船艇、车辆、马匹或其他牲畜或对象之上或之内可寻获偷窃或非法得来的东西，及合理地怀疑任何人以任何方式有或运送偷窃或非法得来的东西，则将该船只、船艇、车辆、马匹、牲畜、物件或该人截停、搜查及扣留，均属合法；任何人如获他人要约向他售卖或交付任何财产，而他有合理因由怀疑已有就该财产而犯的任何上述罪行，或该财产或其部分是偷窃或以其他非法方式得来的，该人即获授权将该犯罪者拘捕及扣留，而如该人有此能力，则他须将该犯罪者拘捕及扣留，并尽快将犯罪者连同上述财产交付警务人员羁押，以待依法处理。香港法律不仅赋予警察对赃物和嫌疑人的检查、扣押、扣留权力，而且赋予普通公民在有合理怀疑且有能力的情况下，可以将嫌疑人扣留并交付警务人员。

警务人员如根据条例将掌管任何车辆、船艇、马匹或其他牲畜或对象的人羁押，则该人员接管该马匹、车辆或船艇或其他牲畜或对象，并将其存放在某些安全保管地点作为保证，以确保曾将其掌管的人可能须缴付的罚款得以缴付，及确保为将其接管及保存而需要招致的开支得以缴付，均属合法。

可以发现，我国香港地区警方享有较高的盘查自由裁量权，在公共场所的盘查基本上不需要任何理由。当然，为了避免不合理的截停，香港地区《警察通例》要求在截停和搜查期间，扣留嫌疑犯的期限不能超过警察进行搜查等工作所必需的时间。香港地区的《香港特别行政区公安条例》

《道路交通条例》对截停权力也做了规定。通常情况下，警方会要求被截停的人士出示其身份证明文件，并进行有关的询问。警察还有权要求道路上的任何机动车辆的驾驶人出示其驾驶执照。在有合理的根据怀疑某驾驶人涉嫌交通事故或交通违法时，警察可以截停该驾驶人并要求其出示有关证件。任何人必须服从警察的截停和检查，否则便会构成犯罪。为确保截停后警察对有关当事人的调查，警察有权并有责任对任何人进行询问，以弄清是否存在犯罪。被询问人既可以是被警方怀疑涉嫌犯罪的对象，也可以是警方认为能够从他那里获得有关信息的人。警方有权将被怀疑者扣留一段合理时间以便进行询问。

2020年6月30日实施的《中华人民共和国香港特别行政区维护国家安全法》中规定，香港特别行政区政府警务处维护国家安全部门办理危害国家安全犯罪案件时，可以采取香港特别行政区现行法律准予警方等执法部门在调查严重犯罪案件时采取的各种措施，并可以搜查可能存有犯罪证据的处所、车辆、船只、航空器及其他有关地方和电子设备，以及有合理理由怀疑拥有与侦查有关的资料或者管有有关物料的人员，要求其回答问题和提交资料或者物料等权力，进一步明确了警察在办理危害国家安全犯罪案件中盘问、检查和搜查等权力。

第三章

大陆法系警察盘查制度

大陆法系具有独特的法律传统，以德国、日本为代表，因同为制定法国家，其对我国法治的影响较大。我国警察法受德、日的影响更为明显，"警察"概念本身就是一个从中国传到日本、在日本经历德国警察概念的洗礼之后又传回中国的"回归借词"。[1] 因此，大陆法系警察制度也成为我国警察法学开展比较研究的重要对象和参考，尤其是日本法上对警察盘查的类型化规定能够为我国警察盘查的类型化研究提供一定的借鉴。

第一节 德国法上的警察盘查

德国法对于警察的活动，区分为以刑事诉讼法为规范的犯罪侦查和以警察法为依据的危害防止双重任务，两种任务体现在盘查中的具体措施，诸如查证身份，人的搜索、扣押、管束，物的搜索、扣留等，在刑事诉讼法及警察法规中并行规定，是采双重规范的制度设计。这种立法模式赋予警察较大的自由裁量空间，并且将警察执行职务必须经常行使的职权，通过立法予以类型化，其中也包括与我国盘查行为类似的措施，如身份查验、人身检查、物品检查等相关措施。

德国采联邦政府体制，警察事务属各邦事宜，联邦政府并无警察法的立法权，各邦均有各自的警察法，为保证各邦尽量统一，1977 年 11 月 25

---

〔1〕 陈鹏："公法上警察概念的变迁"，载《法学研究》2017 年第 2 期，第 32 页。

日德国内政部长会议决议通过《德国联邦与各邦统一警察法标准草案》，该草案并非法律，仅为指引，以供各邦在制定警察法时参考。本节对德国盘查制度的探究，主要是以该标准为基础加以论述。

一、身份盘查

德国警察的身份检查权与具体的措施规定在《德国联邦与各邦统一警察法标准草案》第9条中。根据此条规定，有下列各款情形之一者，警察即可以查证其身份：

一、为防止危害

二、当其滞留于某地

（一）据实际线索，依经验认为该地：

1. 有约定、预备、实施犯罪行为之人

2. 聚集有无停、居留许可证明之人

3. 有人犯藏匿

（二）该地有人从事卖淫

三、当其滞留于交通设施、民生必需品生产储存设施、大众交通工具、政府办公大楼或其他特别易受伤害之标的物，或滞留于其直接不远之处，且有事实足以认为，于该类标的物内或周围将可能实施犯罪行为，且该犯罪行为会危害该标的物内或周围之人或危害标的物本身。

四、警察为防止刑事诉讼法第100条a或集会法第27条所指之犯罪行为所设之管制站。

警察为查证嫌疑人的身份可以采取必要措施，如责令嫌疑人停止以询查其身份并责令其交付所携带证明文件以便查验，当嫌疑人身份无法确定或确定其身份有相当困难时，可将其留置。在符合前述第3项要件的情形下，警察可以搜查嫌疑人及其随身携带的物品。警察可以责令嫌疑人交付其依法有义务随身携带的证明文件，以供警察查验。

根据《德国联邦与各邦统一警察法标准草案》第 9 条的有关规定，警察行使有关身份盘查的具体方式有拦阻、询问、责令交付身份证明文件、留置及其他相关措施。需要注意的是，这些方式在德国警察的盘查实践中并不处于一种完全独立与并列的状态，而是相互之间形成了一套连续的盘查程序规范。比如，在一个具体的盘查行动中，拦阻乃是第一个必要步骤，在此之后，警察才会根据盘查的具体情况，陆续采用询问、责令交付证明文件、留置等措施。现列举如下：

（1）拦阻。身份盘查权是一种程序性规范，拦阻是行使盘查权所采取的第一个必要步骤。

（2）询问。拦停后，应立即视所需要防止危害的性质及实况，决定询问内容，如个人的出生年月、居所等，询问与侦讯有别，凡不合身份盘查目的的询问，均为法律所不容许。

（3）令交付证明文件。于询问的同时，责令相对人交付其应携带的证件，也是盘查的必要手段，从拦停、询问到证件查验的基本盘查流程，原则上以不超过 10 分钟为宜。

（4）留置。必须是以其他方法仍无法查证身份或有重大困难时，才构成留置的要件，因留置是构成人身自由的剥夺侵权，其发动要件必须符合法定的严格规定始能行使，对剥夺人身自由的法定规范，应符合第 14 条法官裁定，以及第 15 条理由告知与通知义务的规范。因盘查而需剥夺人身自由的理由一旦消失，如身份查证已完成或法官裁定不宜再继续留置等，应立即释放当事人；留置时限，依该草案第 16 条第 3 项规定，若事先未经法官裁定者，至迟在留置当日结束前应释放之。

关于德国警察的身份盘查权还有以下四点需要着重指出：其一，从拦停、询问到证件查验的基本盘查流程，德国法原则上将时间限制在 10 分钟之内；其二，由于留置在德国法制框架下被视为是对人身自由的剥夺，因此《德国联邦与各邦统一警察法标准草案》规定，只有在以其他方法仍无法查证身份或有重大困难时，警察才能够对嫌疑人进行留置，且还必须通过法官裁定，履行相关的告知与通知义务；其三，警察为查证嫌疑人身份的需要，需将当事人带往警察机关时，如果嫌疑人拒绝同行，警察可以行使直接强制，但应符合比例原则；其四，警察在进行身份盘查时，只能对当事人及其所携带的物品进行搜查，且这种搜查行为还必须是在以其他方式不能或有困难达到盘查目的时，方可进行，但不包括住宅及当事人随身携带以外的物品。

二、搜查

德国警察法上物的搜查，是指对有形物体的搜查，其范围包括动产及不动产，但不包括穿着的衣物（属人的搜查范畴）。物的搜查大都与人的搜查紧密结合，其目的是找出特定的物体或人，借以查明事实或确认身份。德国警察法上的搜查一般附随于警察的身份盘查权，其主要规定于《德国联邦与各邦统一警察法标准草案》第17条与第18条之中，其中第17条规范的是对人的搜查，第18条规范的是对物的搜查。

（一）对人的搜查

除第9条第2项第4句之规定外，有下列情形之人，警察得搜查之：

1. 依本法或他法得被留置者。

2. 有事实足认为其携有得被扣押之物。

3. 显然陷于丧失自由决定意思或无助状态者。

4. 滞留于第9条第1项第2款所称之地者。

5. 滞留于第9条第1项第3款所称之场所内或其直接附近，并有事实足以认为，其在该类场所内或附近可能从事犯罪行为者。依情况，搜查足以保护警察和第三人以对抗生命、身体危害时，警察得对依本法或他法应被查证身份之人搜查武器、其他危险工具及爆裂物。

对人之搜索只准由同性或医生为之，但为维护生命身体危害之必要所作之立即搜索，不在此限。

德国警察法上对人的搜查，是为了找寻一定的客体，如找寻攻击性器械或证件而对嫌疑人的身体表面进行的触摸。搜查的范围仅限于被搜查人的身体表面，而不能进行刑事诉讼法上规定的身体搜查等类似行为。由于搜查与身份检查行为紧密联系，因此搜查的要件大部分与身份检查的条件相当，只是增加了搜查的程序性规定（第 3 项）与警察的自我安全确保条件（第 2 项）。

另外，德国法还特别对滞留于"易遭危害地点"的人的盘查进行了规定。所谓"易遭危害地点"，一般专指交通设施、重要民生必需品生产储存设施、大众交通工具、政府办公大楼等目标物。在此也不必以具体危害为前提，只要有事实足以证明滞留该地之人，对所列的目标物，有实施犯罪的可能即可发动盘查权。

（二）对物的搜查

除第 9 条第 2 项第 4 句之规定外，有下列情形之物者，警察得搜查之：

1. 依第 17 条得被搜查者随身携带之物。

2. 有事实足认为该由下列之人所携带，

　　a. 得被管束之人

　　b. 因违法被拘禁之人

　　c. 无助之人。

3. 有事实足认为该物中有其他得被扣押之物。

4. 该物置于第 9 条第 1 项第 3 款所指之地内，或

5. 该物置于第 9 条第 1 项第 3 款所称之设施内或其直接附近，并有事实足认为犯罪行为将可能于该设施内实施。

6. 于陆、海、空交通工具内，有得依第 9 条第 1 项第 4 款应被查证身份之人时，搜查可扩及交通工具内之物。于物的搜查时，对该物事实上有管领力者有权在场，若其不在场，应请求其代理人或一其他证人到场，经对该物事实上有管领力人之要求，应发给搜索及其原因

之证明文件。

(三) 对场所的搜查

除上述对人的搜查、对物品的搜查外，德国法上还规定了对场所的搜查，也即"Razzia"，是指警察对易滋生犯罪的地点和场所，根据具体事实、合理怀疑有约定、预备或从事犯罪行为的情形所实施的检查措施，此种检查大都是在公共场所及其他公众可以自由出入的场所，一般是基于犯行追缉或危害防止的原因。

还需注意的是，在实践中，德国警察还可以在公路上及其他公众出入的场所设置检查站进行盘查行为，此类行为类似于我国台湾地区的临检。根据德国刑事诉讼法的规定，设置检查站进行盘查，必须获得法官的授权（紧急情况下，由检察官或其辅助机关授权），而要获得法官授权，必须符合以下两个条件：一是对所犯之嫌疑必须有具体事实推定其成立，需要有事实佐证；二是这些事实也必须能对具体实施设置检查站时，可获成功的预期提出根据，也即其假设必须能证明，在某一具体地点设置检查站可以逮获犯罪行为人或可保全证据物，而这对刑事侦查确有帮助。[1] 德国警察法上检查站的设立，其目的除在于危害的防止，也扩大范围至违法与犯罪行为上，甚至适用到集会游行的管制。警察法上检查站设立的目的，是事前犯行的抗制，仅以潜在犯罪的可能性为行使依据，主要强调治安维护功能和利于侦查犯罪的目的。

综上所述，德国警察盘查法规范的特色，是刑事诉讼法与警察法双重并行规定，警察盘查职权，已类型化规范于警察法中，盘查的发动目的，主要是以犯罪预防为主，并不以具体案件事实为前提，对于盘查场所，警察可对人或物进行搜查，可不用如刑事诉讼法紧急情况之例外规定，才能行使无令状搜查，甚至在执行路检时，除查证身份外，也可以对汽车及车内之物进行搜查，因此德国警察盘查职权较为宽广。

---

[1] ［德］克劳思·罗科信：《刑事诉讼法》，吴丽琪译，法律出版社2003年版，第348页。

三、当前德国警察盘查的新发展

进入 21 世纪，为应对国际恐怖主义，传统德国警察法上以"危害防止"为核心的警察任务逐步扩大到"危险预防"的领域，警察法学也发生了重要嬗变，不仅立法上修改了"一揽子"法律，而且制定了诸如《反恐包裹立法》《反国际恐怖主义法》等新的法律，授予警察更多的预防性权力。[1]同期，在警务实践中也产生了许多有争议的案件，其中与盘查理论相关的比如互联网线上搜查、扫描式追缉以及从企业获取公民相关个人信息等案件，业已打破传统自由法治理念下自由与安全的平衡。从德国警察盘查新发展来看，主要体现在以下两个方面。

第一，概括性授权越发普遍。传统警察法中为避免警察权的滥用，法律上对警察权限行使或发动的具体构成要件进行明确性规定，但在风险社会背景下，为预防和处理各种挑战和危险，法律逐渐通过概括性条款或较为不明确的要件限制赋予警察更具法律弹性的权限。德国警察任务与职权均出现明显的扩大化趋势，比如规定警察干预措施以任务履行的"必要"为限，不能在法律上过分要求"法律明确性"的要件。

第二，警察法与刑事法的界限日益模糊和重叠。二者相互接近，互相影响，逐步转移了自由法治国家警察法学区分为警察行政法与刑事法领域的明显界分，警察任务中的预防权限与压制权限日益模糊。同时，随着外部安全与国内安全联系日益紧密，为保证警察任务的实现，强制性地分离情报机关与警察机关已经不再具有现实基础，[2]警察机关与情报机关的任务也相互重叠，二者出现相互融合的趋势。

总之，近 20 年来德国警察法发生了一系列重大变化，集中（中央）化、欧盟化、民营化、社区化、预防化等发展趋势业已颠覆传统自由法治

---

〔1〕 刘文欢："德国反恐法的合宪性控制"，载《湖北警官学院学报》2012 年第 10 期，第70 页。

〔2〕 德国传统上将安全任务区分为内部安全任务与外部安全任务，内部安全任务一般由警察机关承担，外部安全任务则由情报机关及军队承担。

理念下的警察法学体系。其中最为明显的是，基于"预防原则"或"预防国家"理念的影响，德国立法者授予警察在没有具体危害发生前的诸多干预权限，警察法学上称之为"前沿权限"。[1] 此种权限发动的法律要件不仅不明确，而且可以干预的范围也不限于引起危险的肇事人，凡是与其相互接触的人，都有可能成为警察盘查的对象。[2] 德国联邦宪法法院在众多案例中，虽然也提出了明确性原则以及比例原则，对立法者提出了诸多的架构性限制要求，但此种努力在实践中并不十分成功，如何适当地平衡安全与自由的界限，仍然是当前德国警察法努力的任务。

第二节　日本法上的警察盘查

日本的警察法制，在明治维新后，仿效欧洲警察的建制方式，尤其是师法德国，之后日本政府逐渐走向军国主义，树立天皇权威，强化警察权限。"二战"前，日本行政警察执行职务的，主要依据是《行政警察规则》与《行政执行法》，据以作出干预取缔的处分，至于警察法则仅规范警察的职责任务，对个别具体的职权措施规定则付之阙如。"二战"战败后，日本受美国的强势主导，深受美国影响，且《行政警察规则》遭到侵犯人权的批判，日本宪法（俗称"现代宪法"）的基本体制改为"国民主权""三权分立""保障地方自治"以及"保障基本人权"等政策，警察法上也侧重人权保障和权力限制。

"二战"后，日本废止《行政警察规则》与《行政执行法》，制定行政代执行法和《警职法》（1948 年 7 月 12 日），成为日本警察职权行使的重要法律依据。日本警察侦查犯罪的职权法制，其实就是侦查犯罪的前阶段行为，其步骤即为拦停、全面车检、盘问、检查携带物品、任意同行，之后不是释放，就是进行刑事诉讼程序。而警察行使的这五个步骤，是介

---

〔1〕　林明锵：《警察法学研究》，新学林出版股份有限公司 2011 年版，第 7 页。

〔2〕　张正宇、Adrianna Michel："德国预防性警察行为相对人研究——特别考察来自伊斯兰世界的'危险者'"，载《欧洲法律评论》2019 年第 4 期，第 38-61 页。

乎行政任意行为与刑事强制行为之间的"中间实力行为"。

《警职法》是规定警察职权行使的法律，属行为法范畴，与作为组织法性质的警察法是有所区别的。此种规范模式，与德国法制将组织法与行为法分离的模式相同。日本《警职法》与上文述及的《德国联邦与各邦统一警察法标准草案》所制定的各种警察类型化措施的不同之处，就在于德国职权措施具有行使强制性作为的效力，而日本《警职法》所规范的职权作为，大多是非属刑事诉讼法上的强制侦查措施，诸如拦停、询问、同行等职务质问与公开场所的进入职权，其实力的行使是任意性规范，不能达到刑事强制侦查的程度，是介于刑事侦查与行政调查程序之间的警察职务行为，而以是否已达剥夺当事人意思自由的程度为区别。

此外，为避免警察滥权，日本《警职法》仅规定必要的职权，其余如跟踪、监视、所持物检查、巡回联络等职务，则由警察法的概括条款及司法判决来审查其适法性。日本警察法制规范，并没有使用"盘查"的用语，与盘查近似的相关职权措施，主要规定于《警职法》第2条的职务质问及第6条进入公众自由出入的场所，另有汽车拦检等措施，现分述如下。

一、拦停

拦停是警察发现与犯罪有关之人而予以拦阻，进行盘问或检查其携带物品。关于拦停的性质，日本学界一般认为拦停虽可出于实力[1]，但不得达到强制程度。因为，拦停时警察的举动不可能不对当事人为任何的物理力，也不可能不对当事人造成任何的心理压力，但即使如此，也不能达到强制的程度，否则即是逮捕。拦停如果是当事人纯粹的自愿，则警察所为行为系完全的任意性行为，只关乎拦停时间长短的问题；但如果当事人无停止意愿，而客观状况警察又有拦停的必要时，一般认为应止于警察说服当事人接受盘问之时。

---

〔1〕　日本法上实力指"实力行为"，与"意思表示行为"对应，也可用"法律事实"指代。

二、职务质问

日本《警职法》第2条规定了有关职务质问和同行的相关规范：警察根据当事人的异常行为及周围环境和情势，经合理判断，有相当理由怀疑为已犯或将犯某些罪的人，或就已发生或将发生犯罪的知情的人停止，予以质问。如果警察认定当场实施前项质问，对被质问人不利，或将妨害交通等情况，为保证质问顺利进行，可以要求被质问人同行至附近警察署、派出所或驻在所。非依关于刑事诉讼的法律规定，不得拘束前两项规定之人的身体，或违反其意，强制同行至警察署、派出所或驻在所，或强要其答辩。警察对于根据刑事诉讼法律规定行使逮捕的，有权调查其身体有无携带凶器。

（一）职务质问的对象

日本法上的职务质问，是行政警察为预防、发现或打击违法犯罪行为的询问，其经常与拦停、检查所持物与同行相结合，是这一连串行为的核心举动，是警察预防或发现犯罪证据的重要手段。依《警职法》规定，日本警察进行职务质问的对象可概括为以下两类。

一是有足够的理由怀疑某人实施了犯罪或将要实施犯罪，此时进行的警察质问并非在于处罚犯罪，而是为了预防或制止犯罪的发生。由于社会治安形势复杂，对于嫌疑人的行为是否违法，在质问之前警察未必非常明确，警察难以立即瞬间判定，因此日本《警职法》规定只要有足够的理由引起警察的怀疑，即可发动质问权。但为了避免警察权的滥用，警察进行职务询问时，还必须依据具体情况，考虑比例原则。

二是被认为对已经犯罪或即将实施犯罪的知情者，即对第三人的质问。通常而言，第三者并不负有接受警察质问的义务，但基于《警职法》的明文规定，应将对第三者的质问视为警察责任原则的例外规定，只是在对第三人质问的启动上应严格遵守任意性原则。至于行使职务质问的要件也可以根据法条概括为两类：

第一是有异常举动，如从人的动作、言词、服饰、所持物品等，根据警察职业经验及质问对象所处的时间、地点、空间等因素和人们对问题的通常理解，认为质问对象处于举止非自然状态。

第二是警察有足够的理由与合理的判断认为被质问对象已犯某罪。警察职务质问是基于行政上的必要而发动，与刑事诉讼程序针对特定的犯罪嫌疑人实施强制性侦查措施不同，其行使要件所需具备的可疑程度要低。至于合理的判断是指执行质问任务的警察不以其主观、独断的认知为标准，应以大部分人的认知能力和学识为参照，而非警察个人的主观擅断。

（二）质问的方法和时间

质问的方法包括口头、文字、手势、身体动作等，范围包括住址、职业、来去地点、身上痕迹及所携带的物品，譬如1987年名古屋高等法院金泽分院，即对警察检查极端主义学生手腕有无手铐痕迹，认为是质问的一个内容，应属合法。质问者如为着装警察，可以不必告知身份，如为便衣警察，则须出示证件。

质问不得命令当事人脱去衣物检查，不得强制要求其答辩。关于质问的时间长短，一般应不能超出通常的范围，其具体程度以数分钟至数十分钟为限，一旦澄清怀疑，即应迅速让当事人离去。如果现场遭遇拒绝，是否可以视为当事人已表达不接受质问意思，若再有质问即为强制？多数学说认为此种情形，如果无合理理由，反而会增加嫌疑的程度，故警察不能骤然停止质问，而应继续进行。但1981年大阪地方法院的判决表达了不同的观点：警察的质问以当事人的任意承诺为前提，若违反该前提而继续进行质问，即为非法，当事人一旦拒绝，警察即不得再采取任何行动，但警察在未达强制的范围内，为求当事人回心转意所为的说服行为，仍为合法可为的行为。

三、同行

同行是指警察认为现场盘问对本人不利或有碍交通时，为进行盘问可以要求当事人同行至附近警察分局、派出所或驻在所。此种同行并非逮捕，故须基于当事人的配合。虽然如此，但同行的目的无论如何描述仍无法去除实为发觉犯罪迹证的色彩。

（一）同行的要件

同行的要件，主要有两项：首先，必须具备盘问的要件。同行的目的就是盘问，所以必须具备盘问的要件。其次，现场盘问对本人不利或者有碍交通。为盘问而要求当事人同行至附近警所，其目的是在保障本人利益或交通便利，并非是为警察方便，所以如果当事人并不介意，或者不可能妨碍交通，原则上不可强求同行至警所。1974年东京高等法院判决即曾认定，抓住盘问中欲离去之人的手腕，虽是为续行盘问所为的合法的拦停行为，但要求同行至派出所这一点，因当时为凌晨三时二十分，根本无路人，在现场盘问并无对本人不利或有碍交通之情形，故其行为违法。

具备上述两个要件虽然可以要求同行至警所，但不具上述要件是否完全不得要求同行？日本学说或判例认为不然，至少在下述几种情形下，仍然可以要求当事人同行至警所：

（1）盘问对象混入骚动的人群中，仅以一二名警察无法在现场进行盘问时。

（2）现场昏暗，以致盘问对象的表情、态度、衣着、所携物品等，无法被清楚观察。

（3）对方基于明白的承诺，愿意同行至警所时。

（4）犯罪嫌疑较大，但在现场无法确认，或者警察之生命身体有具体危险之虞，且有客观合理之理由时。

（5）为指认加害人，而要求盘问对象同行至被害人处时。

（二）同行的场所

同行通常都是在开始盘问后，基于需要而产生的后续行为。同行一般是将当事人带至警所最为常见，但也并不以此为限，有时可同行至附近空地或其他处所。但如果让当事人同行至警察分局，则一般认为当事人的犯罪嫌疑很大，此时大多被判断为并非行政作用的同行，而是司法作用的侦查或逮捕。比如，1979年东京高等法院，即曾对"警察在车站南侧空地，发现某名男子与窃盗通缉犯长相类似，要求该男子同行至车站会客室开始盘问，随后该男子的犯罪嫌疑逐渐增强，该男子又以该处所寒冷，同时又有行人，而要求同行至徒步 20 分钟距离的最近派出所，约 2 小时后，该男子又被带往警察分局续行侦查，总计开始盘问后约 6 小时才予逮捕"之案例，作出判决如下：

> 被告由前述车站附近至会客室，由会客室再到驻在所，其中一连串的同行行为，其经过及态样该当于《警职法》第 2 条第 2 项之任意同行，并无任何违法之点。但至少由驻在所至警察分局这一段，被告所谓被不知名的警车携带同行的路程，即使初始被告有"去哪里都无所谓"的表述，但综合诸如场所、态样、时间及同行后的状况，被告确被加诸可视为逮捕之强制力，其应相当于实质逮捕之行为，此时的同行应属违法。

四、汽车检问

日本将对汽车的盘查称为"汽车检问"，简称为"车检"，其意涵是指为预防犯罪，警察针对行驶中的汽车，责令其停止并对其进行调查，并对驾驶人或同乘者进行必要的质问。日本警察所为的车检，可分为稽查车检、保安车检、围捕车检三种方式。

所谓稽查车检，指的是交通警察因为检查车辆是否超载、装备是否损坏、驾驶人是否饮酒等所为的拦车检查行为，其属于行政警察中的交通警察行为；所谓保安车检，指的是行政警察因为保安需求，在有《警职法》规定的有违法犯罪嫌疑时所采取的有特定对象的车辆检查；至于围捕车检，则指警察在有特定对象的车种、颜色或号牌时，所为的拦截围捕检查，其所依据的法律为警察职权法或刑事诉讼法，根据特定范围适用不同法律，如果对象特定，则适用刑事诉讼法规范，否则即应适用警察职权法。

除上述三种路检形态之外，尚有所谓的全面车检，即在没有《警职法》第 2 条规定的要件情况下，对过往的车辆逐一或随机式的拦停检查，此种形态与我国警察实务上所实施的在路口全面核查过往车辆最为近似。

需要注意的是，在日本学说上全面车检的法律依据尚有不同的主张。有的观点认为全面车检是根据《日本宪法》第 31 条、第 33 条或第 35 条，[1]有的认为是依循《警职法》第 2 条，还有的认为应扩张解释《警职法》第 2 条作为其适用依据，或认为其是行政指导的行为。司法实务的判例，最具代表性的是日本最高法院昭和五十五年（1980 年）的判决，该案例的争议点是被告酒后开车遇到警察拦检，被告主张警察对于外观上并无可疑事项的汽车实施全面车检，缺乏法律依据，主张警察所查获的证据无证据能力，应适用证据排除法则。法院最后判决主张：参照《警职法》第 2 条第 1 项交通违法的取缔，是警察任务的明确规定，可知交通安全及维护等必要的警察活动，在非强制的任意手段下，是一般容许的行为，但若有干涉国民权利与自由时，则并非无所限制，这是警察法及警职法的应有之义。

汽车驾驶人既被容许在道路上驾车，其当然的附随义务，乃是配合在合理必要范围内的交通取缔，警察为预防并查处交通违规所进行的车检，是对不论外观上有无可疑之车辆作短暂的拦停，同时对驾驶人为必要事项的盘问，若其以当事人任意配合的方式进行，并且对汽车的使用人无不当制约的方法，即应认为是合法的行为。此判决认为，全面车检的法律依据是《警职法》第 2 条，警察在任意且对当事人未有不当制约的方法下，则警察的路检行为是合法的。

五、进入公共场所的检查

在日本，警察对于民众自由进出场所的规范，规定于《警职法》第 6

---

〔1〕《日本宪法》第 31 条规定，不经法律规定的手续，不得剥夺任何人的生命或自由，或课以其他刑罚。第 33 条规定，除作为现行犯逮捕者外，如无主管的司法机关签发并明确指出犯罪理由的拘捕证，对任何人均不得加以逮捕。第 35 条规定，（1）对任何人的住所、文件以及持有物不得侵入、搜查或扣留。此项权利，除第 33 条的规定外，如无依据正当的理由签发并明示搜查场所及扣留物品的命令书，一概不得侵犯。（2）搜查与扣留，应依据主管司法官署单独签发的命令书施之。

条第 2 项：演艺场、旅馆、饮食店、车站及其他公众得自由出入之场所的管理人或类似管理人，于其公开时间内，警察为预防犯罪或防止对人的生命、身体或财产的危害，而要求进入该等场所时，如无正当理由，不得拒绝。警察依前两项规定进入的时候，不得妨害相对人的正当业务，同时应表明身份并说明理由。

根据上述规定，日本警察进入公共场所检查，近似我国警察的日常行政监督检查，根据日本《警职法》，警察进入公共场所的法律要件为：

第一，该场所是公共场所且在公开时间内，因此不包括私人住宅和办公室。至于公开时间内是以事实上对外公开营业的时间为准。

第二，须因预防犯罪或预防对人的生命、身体或财产的危害。预防犯罪，至少须有犯罪即将发生的危险，若是毫无根据的想象，则不得要求进入。

第三，须向该场所的管理人或类似人提出要求。此处的管理人，是指事实上管理该场所的人，于法律上是否有管理权限无关；警察基于有犯罪抽象危险即可进入场所，但应提出要求，且应遵守一定的正当程序，如不得妨害相对人的正当业务、告知理由与出示身份证件等。

第四章

我国警察盘查制度分析

美国学者博西格诺曾指出，"给予警察大于治安法官的权力就是向专政集权迈进了一大步。也许这一大步是对付现代形势的不法行为所需要的，但如果要跨出这一步，也应该由人民通过宪法修正案的形式来慎重作出选择……然而，如果个人不再至高无上，如果警察看谁不顺眼就可以随便抓人，如果他们可以凭自由裁量权而'扣押'和'搜查'，那么我们就走进了一种新政体。进入这一政体的决定，只能在这个国家的人民进行充分全面的讨论之后方能作出"。[1] 警察权、盘查权尽管为现代社会所必需，但同时又必须予以严格的控制，否则社会将陷入一种混乱的状态。

一段时间以来，我国警察盘查权行使过程中侵犯公民正当权利的情形较为常见，学界对盘查权的研究基本指向法律上更加严格的限制和规范。但实践表明，"在对警察权的规制和控制过程中，矫枉可能会过正，当我们大刀阔斧地限制和约束警察权力时，削弱的警察权有可能因力量不足难以维持秩序"。[2] 问题的关键和难点恰恰在于，如何寻找警察盘查权力与公民正当权利的"黄金分割点"，最终实现公民权有效保障与警察权高效运行的统一，达致既合理维护公民正当权利又充分保障警察权必要运行的和谐臻境。

通过对我国警察盘查制度进行学术和实践双重角度的分析，能够明确学者对盘查权的"集体指责"虽然具有现实正义和民意基础，但在当前风

---

〔1〕［美］博西格诺：《法律之门》，邓子滨译，华夏出版社2002年版，第290页。
〔2〕陈晓济："警察权与公民权的平衡"，载《天府新论》2008年第1期，第10页。

险社会背景下，为应对日益增长的各种风险和恐怖主义威胁，世界各国警察权的发展趋势则呈不断扩权之势。在诸如奥运会、亚运会、G20 峰会等重大活动日益常态化的背景下，重大活动中开展盘查是否需要合理怀疑？不加区分地开展盘查是否有侵犯公民正当权利之虞？地铁站、火车站等地带的人人普查是否存在不经济和资源浪费问题？

　　上述追问从权利保障的角度具有合理性，但往往基于上述盘查场景的应用一般都是非常重要的领域，容不得任何安全上的问题乃至于隐患，这种为保护公共安全的极致措施在我国国力能够支撑的情况下，超出一般比例的人力物力投入是可以理解的，具有现实合理性，也容易被普通公民接受。但上述盘查措施应在多大程度、力度和范围上及于普通公众，全面的"普查"能否在大数据和智慧警务支持下实现"精准盘查"的转向，仍然可以在科学论证、公开透明和实证支持下进行充分讨论。

　　笔者以为，从长远看，盘查的应用对象和范围会逐渐下降，方式方法和手段也一定会不断发展创新，但在相当长一段时间内，盘查作为警察的一项基本职权还不会完全消失。学界如果单纯从限缩警察权的角度进行论述，最终实现的警察权可能并不是一种理想结果，从根本上来看也许无助于警察维护社会秩序和保障公共安全的任务实现。尤其是在风险社会视阈下，警察权的整体规范与个别领域的扩张几乎是在同步进行的，学术研究必须注意到这种面向未来的发展趋势，而不能陷入单纯限制警察权的单行道误区。从这种视角审视我国警察盘查法律制度，或许能够更为深刻地理解我国警察盘查的实践运行。

第一节　我国警察盘查的法律制度分析

　　1986 年公安部发布的《关于组建城市治安巡逻网的意见》第 2 条提出治安巡逻的任务就包括"盘查形迹可疑人员"。1994 年公安部令第 17 号《城市人民警察巡逻规定》正式赋予公安机关巡逻执勤的警察盘查的权力，警察在巡逻执勤中有权依法"盘查有违法犯罪嫌疑的人员，检查涉嫌车辆、物品"以及"查验居民身份证"。及至 1995 年《人民警察法》第一次通过法律的形式规定了警察的当场盘问、检查和继续盘问的权力，正式建立了我国盘查法律制度。随后公安部通过《继续盘问规定》（2004 年，2020 年公安部对其进行修订，删除有关"收容教育"的规定）《公安机关人民警察盘查规范》（2008 年），对警察当场盘问和继续盘问的启动、内容、程序等进行了具体规定。其他单行法如《中华人民共和国居民身份证法》（以下简称《居民身份证法》）、《中华人民共和国道路交通安全法》（以下简称《道路交通安全法》）、《反恐怖主义法》[1] 也对盘查进行了明确。至此，我国已经建立起法律体系较为完备的盘查制度。

上述分析表明，我国现行盘查制度基本遵循了以立法及其解释为核心的发展路径，具有"立法中心主义"的特征。立法中心主义对我国社会主义法律体系的完善起到重要作用，正如陈甦在《体系前研究到体系后研究的范式转型》一文中的研究，立法论的论证模式具有清晰的模式：[2]

（1）我们社会某个领域有某个事物已经发生、正在发生或将要发生；（2）这个社会事物是利弊互现的，有利的方面一二三……不利的方面一二三……（3）如要强化或扩张有利的方面、控制或消除不利的方面，则必须采取立法措施，其理由一二三……（4）我国目前在此领域却没有针对此类事物的法律，或者虽有相关法律但缺陷严重，诸如立法层级不高、体系不完备、结构不得当、规则不合理、措施不得力，等等；（5）国外正好有一种或几种理论、一种或几种法律用于规制这类社会事物，具有可借鉴处；（6）根据我国实际并借鉴国外理论或制度，我国应当如何建构规范此类事物的法律，其理由一二三……（7）最后提出立法建议若干，有能力的研究者则提出系统的法律草案建议一二三……

---

〔1〕《反恐怖主义法》第 50 条规定：公安机关调查恐怖活动嫌疑，可以依照有关法律规定对嫌疑人员进行盘问、检查、传唤，可以提取或者采集肖像、指纹、虹膜图像等人体生物识别信息和血液、尿液、脱落细胞等生物样本，并留存其签名。
〔2〕陈甦："体系前研究到体系后研究的范式转型"，载《法学研究》2011 年第 5 期，第 5 页。

从总体上看，专家建议稿对我国立法体系的完善具有非常重要的价值，但毋庸讳言，学术研究的框架、路径往往与实践具有一定的差距，学者在立法建议过程中往往充满理想主义，研究基础也习惯于从引进域外法学资源和法律资源作为自身的理论基础和立论基础，导致在司法实践中某些我国特有的问题得不到理论和法律制度的解析和回答。

警察盘查中存在的问题多少也是这种模式的映像，学界对我国警察盘查制度的研究，往往会不自觉地将我国盘查制度置入西方法治语境中进行考证，通过比较或曰以对比的尺子来丈量我国警察盘查制度，提出诸如盘查的条件规定模糊，对盘查的对象规定宽泛以及盘查措施的适用缺乏统一的规定和依据等问题。毋庸讳言，这些问题确实是我国警察盘查制度中的重要问题，值得学界进行研究，但从法律制度角度看，如何更多地考虑我国社会实践和具体国情，构建具有中国特色的警察法律体系，则是更为关键和艰难的任务。我国幅员辽阔、人口众多，各地区政治经济文化发展不平衡，处理法律问题必须要在这个背景下考虑不同地区的特点和风俗习惯，这往往构成我国法律实践的一些实在的制约。

在完成基本法律制度构建的体系后时代，"在我国法律体系形成之后的法治实践中，不需再以匆忙的状态和批量引进的方式借鉴域外他人立法经验，而需要以更加审慎的态度和更为细致的考察选择可用的域外资源，不仅要看到国外某个理论或某项制度的表面好处，更要深入观察该项理论或制度背后的整个法律体系建构理念、系统效应和机制功能，避免发生在主动态势下的被动移植现象。特别是，在法律体系形成后的法治实践中，需要真正从中国场景出发研究中国问题，体系前研究中形成并固化的外审式思维方式和论证模式应当予以戒除"。[1]

一、盘查的启动条件具有单一性特点

《人民警察法》第 9 条规定，为维护社会治安秩序，公安机关的人民

---

[1]　陈甦："体系前研究到体系后研究的范式转型"，载《法学研究》2011 年第 5 期，第 13 页。

警察对有违法犯罪嫌疑的人员，经出示相应证件，可以当场盘问、检查。这是我国法律对盘查的具体规定，涵盖了盘查目的、盘查主体、盘查对象和程序等内容。无论是早期规定的"形迹可疑"还是"有违法犯罪嫌疑"，都难以明确界定盘查的启动条件，是否"有违法犯罪嫌疑"的判断标准实际上取决于警察基于生活阅历和工作经验基础上的"察言观色"，很难通过明确的法律规则予以明晰，这是盘查自身特性造成的客观事实。

对于街头警务最为常见的警察行为，执法者的判断和直觉往往是一瞬间的结果，用事后的"理性"衡量事前的"感性"本身就有不科学之处。笔者认为在访谈中部分警察认为"盘查越多，犯的错误就有可能越多，盘查，根本无法可依"的认识是不全面的。对 10 个人进行盘查最后只确认 1 人有违法犯罪嫌疑并不意味着是对另外 9 个人权利的侵害。那种认为在确定结果之外的盘查措施都是违法的观点是值得商榷和澄清的，至少其没有关注到盘查除打击违法犯罪之外的其他诸多功能，要知道盘查本身就是一种预防措施。

即便如此，盘查行为的行使毕竟会对相对人的人身权利或财产权利形成一定的限制，为保障人权，各国均在立法上规定了盘查的启动标准。在我国，尽管《人民警察法》规定了警察盘查权，概括规定了警察启动盘查权的目的与对象条件，但难以形成明确的启动条件，警察事实上享有较大的自由裁量权。笔者以为，我国对盘查启动条件的模糊规定是与盘查自身的特点密切相关的，盘查本身就包括"排除"或"确认"两种目的，其最终的结果就是排除"嫌疑"和确认"嫌疑"。无论是英美法系还是大陆法系，都无法对盘查的启动条件制定非常明确的、可量化的标准。

新中国成立后，我国对盘查的规定最早来自于城市警察的巡逻勤务，被认为是巡逻警察在执行巡逻任务时的内在职权，随后《人民警察法》虽然将盘查主体扩展至所有警察，但"有违法犯罪嫌疑"这个标准一直未出现明显改变。在执法实践中，要给"违法犯罪嫌疑"进行准确界定是有一定难度的，对其进行定量描述设置是不可能完成的任务，这就给警察的实际操作制造了障碍。于民众一方而言，一旦被盘查，内心感觉自己"有违法犯罪嫌疑",容易引发某些民众的质疑与反感,催生他们的不配合行为。实践中,警方在发动盘查时很少向相对人阐明启动盘查的具体理由,而主要是以执行某项特殊任务、例行盘查、《人民警察法》的规定或《居民身份证法》的规定来予以回应。但这些理由只能笼统说明警察盘查的适法性,不能说明针对具体对象进行盘查的适法性。

学界对我国盘查制度的研究,基本上都会对盘查的启动条件宽松和模糊提出批评。确实,盘查启动条件的不明确极有可能带来随意盘查、歧视性盘查乃至于实践中个别警察的"挑衅式"盘查,"查的就是你"和"就是要查你"断难说是法治下盘查应有的状态。但笔者以为,实践中出现的盘查权的滥用,与其说是盘查启动条件不明确带来的结果,不如说是我国盘查启动条件的单一性难以满足实践中多元化警务活动需求的必然呈现。

如果以英美法系的"合理怀疑"来界定,"有违法犯罪嫌疑"显然属于"合理怀疑"的范畴,但实践中还存在大量不需要"合理怀疑"即可启动盘查的场景,比如无一例外的设卡盘查、公安检查站查控等。将"有违法犯罪嫌疑"这种较为单一的情形作为盘查的启动标准,已经无法涵盖日益多元的警务实践,在某些特殊警务活动中不具有可操作性。比如在国内大城市,大型活动、大型会议、大型体育赛事等重大活动经常举办,在活动前后的特定区域,警察几乎对所有对象不加区分地进行盘查。交通警察在查处酒驾时的设卡盘查,基本上也是过往车辆"凡过必检",这种启动标准断难用"有违法犯罪嫌疑"来予以概括。

事实上,前述重大活动期间的盘查启动标准,并非是"有违法犯罪嫌疑",而是基于重大公共利益。"即便是在强调盘查需要有'合理怀疑'的美国,也认为只要公共利益足够大(if the public interest is great enough)而对被盘查者权利限制不是太过明显(if the intrusion on the individual's right is not too great),那就可以放弃'合理怀疑'的要求"。[1]

---

〔1〕　Cf. Russell L. Weaver, "Investigation and Discretion: The Terry Revolution at Forty (Almost)" (2004–2005) 109 Penn State Law Review 1215. 转引自余凌云:《警察盘查论》,中国人民公安大学出版社 2011 年版,第 31 页。

　　以 2010 年上海世博会"环沪护城河"重大活动安保工作为例，据笔者对参与安保的学生的访谈，在工作中，公众提出最多的质疑便是对其进行人身检查是否合法、正当。毋庸置疑，严密的安保工程确保了世博会的圆满成功，但在长达 200 多天的不间断安检过程中，部分公众对安检主体资格的认定，安检程序的正当性、合法性以及合理怀疑的限度等各方面的质疑同样值得关注，更有群众称安保检查站对过往车辆、人员的大规模例行检查是一种劳民伤财的行为，削弱了重大活动期间安保盘查的合法性基础。

　　可以预见，随着风险社会预防性警察任务的日益显现，盘查的应用领域还在不断发展和扩大。这种以"有违法犯罪嫌疑"作为盘查启动标准的规定实际上是一种"立法留白"，无法满足日常警务活动的多样性和复杂性需要，不仅限制了执法实践中盘查的实际效果，也容易导致部分基于社会实际需求的警察盘查成为缺乏法律依据的"违法行为"，这也是学界对警察盘查权滥用进行指责的一个重要原因。

　　2016 年 12 月 1 日，公安部公布的《人民警察法（修订草案稿）》第20 条进一步强化了警察盘查权，明确了强制检查的情形。该条规定："人民警察对认为有违法犯罪嫌疑的人，经出示工作证件，可以当场盘问，当场检查其人身、携带的物品和使用的交通工具；对拒不配合检查的，可以强制检查。"需要说明的是，该条延续了"有违法犯罪嫌疑"的规定，但增加了"认为"二字，笔者以为这是对现行盘查启动条件的重大改变。从哲学上讲，如果说"有违法犯罪嫌疑"属于客观事实，一般需要"合理怀疑"或"相当理由"予以证明，那么"认为"有违法犯罪嫌疑则是一种主观判断，进一步将实践中是否开展盘查的判断标准从法律上明确赋予警察个体，只要警察"认为"行为人有违法犯罪嫌疑，即可启动盘查，进一步降低了盘查的启动条件。这种立法考虑更多地关注到执法实践对警察盘查权的实际需求，但无法解决盘查启动条件单一难以满足多元警务的法律需求问题。

二、盘查类型化不够全面明确

盘查启动条件的单一性实际上是与盘查类型化不够全面是一枚硬币的两面，二者具有内在紧密的联系。

类型化的概念一般指根据一定的划分标准，将某种行为予以不同分类的情形。纵观我国现行法律对盘查的界定，可以发现盘查类型化较为单一，不够全面明确。目前主要可以分为对人的盘查、对物的检查以及对车辆的检查等方面，基本上是按照盘查对象进行划分。从这种意义上讲，我国警察法对盘查的授权本质上是一种概括性的"一揽子"授权模式，较英美法系对警察盘查的类型划分更为笼统。前文述及，德国警察盘查可以划分为拦阻、询问、令交付证明文件、留置、对人的搜查、对物的搜查、对场所的搜查等具体种类，日本警察盘查也可以分为拦停、职务质问、同行、汽车检问、进入公共场所等诸多类型，这些盘查实际上也存在于我国警察执法的实践中，但在法律上却未能实现充分全面的类型化规定。

另外，我国法律对盘查中检查的具体规定也不明确。对人身和物品的检查是盘查的应有之义，也是实务中盘查经常会发生的情形，但关于盘查中检查如何进行、到何种程度，以及在有违法犯罪嫌疑和无违法犯罪嫌疑两种情形下如何进行，法律并没有明确规定，基本上是由盘查主体决定。经常会对盘查中"检查"与"人身安全检查""日常监督检查"以及行政案件办理中调查取证措施"检查"的混淆，[1]不利于警察根据不同制度

---

〔1〕"人身安全检查"主要规定于《治安管理处罚法》和《公安机关办理行政案件程序规定》，比如该程序第53条规定，"对查获或者到案的违法嫌疑人应当进行安全检查，发现违禁品或者管制器具、武器、易燃易爆等危险品以及与案件有关的需要作为证据的物品的，应当立即扣押；对违法嫌疑人随身携带的与案件无关的物品，应当按照有关规定予以登记、保管、退还。安全检查不需要开具检查证"，可以认为人身安全检查的主要目的是排除安全隐患，以保障警察和当事人的人身安全；"日常监督检查"是公安机关行使行政管理职能时的一种权力，比如公安机关对辖区旅馆业的检查和消防检查均属于日常监督检查的范畴，其主要目的在于监督检查对象履行法定职责，比如对住宿旅客是否如实登记等；作为办理行政案件中调查取证措施的"检查"，其主要目的在于发现违法行为的证据，本质上是一种调查取证措施。上述"检查"名称虽然一样，但基本内涵存在明显区别，容易与盘查中的"检查"相混淆。

设计适用不同的法律规则。

盘查类型化不够全面明确的另外一个表现是法律缺乏对盘查具体手段、范围与深度的明确规定。我国盘查制度从本质上是一种概括性的授权模式，这就带来无法对具体的盘查措施进行明确规定的弊端。现行《人民警察法》只规定了身份查验、当场盘问检查和继续盘问等盘查措施，但实践中却还存在大量的"路检""临检"及"清查"等盘查手段，"路检""临检"在我国并非严格的法律概念，[1]但在实践中却大量存在，很多交通警察在检查酒驾时，其告示的内容就是"警察临检，靠边停车"，这些实践中经常适用的盘查措施目前在我国尚缺乏正式的法律规定。

三、盘查制度缺乏系统性规范

从一般意义上讲，合规性控制的立法思路一般都会设计某种行为的适用条件——适用方法——违法适用的法律后果——当事人权利受损的法律救济等较为系统和完整的法律制度，立法——行政——司法形成系统性的合力作用于规制对象。盘查作为一种常见且重要的日常警务行为，有可能对公民人身权、财产权产生重要影响，但目前我国对此制度的规制主要是立法规制，尚未形成较为系统和完整的闭环。

当前，我国法律对盘查的程序性规定几乎阙如，《人民警察法》也只是简单规定了"出示证件"的程序要求，对如何盘查、可采取何种措施、当场盘问的时间持续多长等涉及公民权利的核心要素未予明确规定，盘查中的权利保障和权力制衡几乎完全取决于执法个体警察的职业素养和执法规范。笔者在对盘查问题的访谈中发现，在拦车检查的措施中，大约有30%的警察认为，其所任职的单位没有明确的规范，也没有对其进行专门的训练，事实上是一种几乎完全依靠执法警察自行决定的"自发性"警察

---

〔1〕 笔者曾以"路检"为关键词在"法律图书馆"中对现行法律法规进行检索，除无效检索项外，只有中共青岛市委办公厅青岛市人民政府办公厅发布的《关于组织青年党团员参与防非典路检工作的紧急通知》中提到了"路检"，而对"临检"的搜索均为医学领域规定，尚未发现警察执法领域的规定（法律图书馆，http://www.law-lib.com/，最后检索时间：2020年6月5日）。

行为。

另外，从公安机关内部来看，盘查措施虽然大量采用，但长期以来一直处于被忽视的状态。据笔者对一线警察的访谈，盘查从来未成为公安机关强调的重点内容，即使是在发生影响较大的案件后，公安机关内部往往也只是从执法规范化的角度进行强调，鲜有对盘查进行系统性规制的要求。盘查事实上一直未能进入执法规范化的核心领域，长期以来缺乏过程性控制。

最后，从盘查的法律救济来看，无论是立法上还是司法中，对盘查权滥用的救济也未能形成有效的规定。从理论上讲，盘查作为一项警察行为，其救济措施主要包括申诉、控告、复议和诉讼、国家赔偿等，救济方式和救济渠道与一般警察行政行为并无区别。但从实践来看，对盘查权滥用的救济比如启动条件违法、歧视性盘查、违反相关法律程序等诸多问题的法律救济，不是救济效果不理想，就是救济成本高昂。盘查权的滥用理应受到司法审查，但基于盘查中"有违法犯罪嫌疑"判断异常困难，鲜有胜诉的先例。从本质上说"有违法犯罪嫌疑"的判断属于警察自由裁量权的范畴，是一种看似简单实则复杂的警察权，法院即使进行审查，也往往侧重于合法性审查，对是否"有违法犯罪嫌疑"的合理性审查事实上是司法审查的薄弱环节。如果后续没有发生重大侵犯公民正当权利的违法结果，无论是盘查对象还是公安机关、司法机关，均不会对违法盘查问题予以足够的重视。

四、继续盘问时间设置过长

法律对继续盘问也即留置设置的时间较长，与相关类似法律规范不协调，导致实践中继续盘问措施容易被有意滥用，侵害当事人的合法权利。

继续盘问一般是在当场盘问检查无法排除违法犯罪嫌疑的情况下适用，理论上应该要比违反治安管理嫌疑和犯罪嫌疑的程度更轻。根据《人民警察法》的规定，继续盘问的时间经派出所一级负责人批准可以不超过24 小时，经县级以上公安机关负责人批准，可以延长至48 小时。上述规定对当事人人身自由的限制时间与《治安管理处罚法》关于"询问查证"对人身自由的限制时间乃至于和《中华人民共和国刑事诉讼法》（以下简称《刑事诉讼法》）关于传唤、拘传和拘留对人身自由的限制时间不协调。

《治安管理处罚法》第83条规定："对违反治安管理行为人，公安机关传唤后应当及时询问查证，询问查证的时间不得超过8小时。"从理论上讲，法律对涉嫌"违反治安管理行为人"的法律措施不应重于对"违反治安管理行为人"的法律措施，对违反治安管理行为人询问查证时间只有8小时，但对涉嫌"违反治安管理行为人"的继续盘问措施则可达24小时，甚至是48小时之久，于逻辑上也不合理。

另外，由于"询问查证"也是对违法嫌疑人进行人身强制性的调查措施，这实质上就形成了公安机关可以对符合法定情形的治安案件违法嫌疑人采取名称、条件和期限上不同但实质相近的两种措施，结果不仅破坏了法制的统一性，而且造成了理论和实践上的混乱。

按照《刑事诉讼法》的规定，经县级以上公安机关负责人批准，可以对犯罪嫌疑人进行传唤、拘传，但传唤、拘传持续的时间最长不得超过12小时，案情特别重大、复杂，需要采取拘留、逮捕措施的，传唤、拘传持续的时间不得超过24小时，且不得以连续传唤、拘传的形式变相拘禁犯罪嫌疑人。同时对于具备七种法定情形的现行犯或者重大嫌疑分子，[1] 公安机关可以先行拘留。据此，公安机关在对有犯罪嫌疑的人员进行处置时，就可能首先选择手续更简便、时间更长、风险更小的继续盘问，而不是拘传或者拘留。[2] 这也导致实践中警察有可能采用继续盘问来代替程序要求更为严格的拘传，起到事实上刑事强制措施的作用，结果造成超范围留

---

〔1〕 根据《刑事诉讼法》规定，公安机关对于现行犯或者重大嫌疑分子，如果有下列情形之一的，可以先行拘留：正在预备犯罪、实行犯罪或者在犯罪后即时被发觉的；被害人或者在场亲眼看见的人指认他犯罪的；在身边或者住处发现有犯罪证据的；犯罪后企图自杀、逃跑或者在逃的；有毁灭、伪造证据或者串供可能的；不讲真实姓名、住址，身份不明的；有流窜作案、多次作案、结伙作案重大嫌疑的。而继续盘问的四种法定情形基本被包括在前述先行拘留的法定情形之内。

〔2〕 甘翃："论盘查"，四川大学2007年硕士学位论文，第31页。

置而侵犯公民的权利。[1]

第二节　我国警察盘查的实践运作分析

我国警察盘查法律体系存在的诸多问题必然会在执法实践中以不同的方式呈现。早期警察法历史中典型的警察盘查权滥用的案例比比皆是，即便是警察执法规范化建设取得长足进展的当下，我国警察盘查的实践运作仍存在不少问题。无论是 2016 年"深圳两女孩当街被警察盘查并强制带走案"中呈现的警察盘查的随意性，还是同年发生的"北京雷洋案"中控制措施适用的不当，均引起社会和媒体对警察盘查执法的广泛关注。盘查中不时出现的歧视性盘查、暴力执法、非法拘禁乃至于候问室内当事人非正常死亡等案件依然是盘查中需要高度注意的问题。

一、盘查启动标准的不确定性容易带来部分"选择性执法"

以"有违法犯罪嫌疑"作为盘查的启动标准，是世界各国的通行做法。在"有违法犯罪嫌疑"的模糊标准下，警察盘查的启动本质上是一种执法警察自由裁量权，在实践运行中必然会带来对盘查对象的甄别和筛选成为一种依靠经验的选择性执法行为，阅历丰富、经验成熟的老警察，可能凭借一个眼神就能够将"有嫌疑"的对象从茫茫人海中甄别出来，盘查的结果往往能够证明和支撑这种判断。因此，盘查启动标准本质上是一种难以量化的经验性判断，这在各国警察盘查中几乎成为一种"共识"，只能不断规范，但无法科学量化，这种经验判断本身就存在歧视或曰随意的问题，目前来看尚难找到有效的解决之道。

笔者在对某市铁路公安处春运期间对旅客盘查的观察中就发现，对进站旅客的选择性盘查中，"有违法犯罪嫌疑的人"主要针对的是中青年男

---

〔1〕　相关实证调查显示，实践中警察在传唤、拘传与留置盘查的选择适用上，一般都会选择留置盘查（陈卫东主编：《刑事诉讼法实施问题对策研究》，中国方正出版社 2002 年版，第 7 页）。

性，女性、学生及戴眼镜的人较少被盘查，87%的盘查对象是警察基于自身经验判断作出的决定，有某些警察甚至将盘查比喻为一种"相面"活动，其结果就是外来流动人口往往会成为警察盘查的选择对象。盘查对象确定的经验性以及盘查过程中语言、措施的不规范，事实上成为引发警民冲突的重要原因之一。

关于盘查随意性问题的研究成果较多，笔者不打算进一步对此问题加以展开。郑州市刘臣律师曾在个人社交媒体发表了一篇名为"人在车中睡，案从天上来——一场盘查引发的刑案"的个人随笔，以自己与友人对话的形式，对我国实践中警察盘查的随意性问题进行了鲜活的复盘，实乃我国警察盘查任意性的典型代表。笔者稍加改编，引用如下。[1]

一个真实的案例，最后的结果也不算坏，张三走了缓刑。不过我还是有个不切实际的希望，希望假以时日，再不会有这样的张三，如果有，他们也能够被无罪释放。

出现在公共场所进行盘查的警察能够起到对犯罪分子的震慑作用，警察的当场盘查权在我国具有深厚的现实基础。但同时，为完善我国盘查制度，在严密盘查标准，加强对盘查的法律规制，根据盘查中的附带搜查的范围与强度设定不同的限制，维护公民的合法权益方面，还可以有所作为。

我：我最近复盘了一个小案子，挺值得玩味。

友：小案子有什么好玩味的？

我：往往越是小案子，越能反映法律的本质。

友：案子都结束了，你现在玩味，是不是有点晚了？

我：做实务是有取舍的，把一个案子所有的问题都抛在法庭上既不现实，也无必要，更多的时候这样做反而会冲击你的核心观点。

友：说说这个案子？

---

〔1〕 原文参见："人在车中睡，案从天上来——一场盘查引发的刑案"，载搜狐网，https://www.sohu.com/a/379096342_120130046，最后访问时间：2020年6月27日。

我：案子本身非常简单，张三收了几十套银行卡，连 U 盾带绑定的手机卡全套，给别人走账套现。这些证据都很确凿，他本人也认罪，但这个案件的发案经过令人啼笑皆非。

友：怎么个经过？

我：张三开着车在高速服务区休息，之后被警察盘问并搜车，在车后备厢里发现了这几十套卡，然后就被带回局里了。

友：服务区里这么多人，这么多车，为什么只查他呢？

我：你还挺敏锐的，这正是问题所在，案卷中的发破案经过是这样记载的：××公安局××大队民警在××巡逻时，发现一辆轿车形迹可疑，遂对该车辆进行盘查。

友：说一个人鬼鬼祟祟我能理解，说一辆车形迹可疑，是根据什么判断的呢？

我：卷宗中没有体现这些信息，不过我跟张三本人交流过这个问题，他对发案经过的描述是这样的：当时他开车累了，正在高速服务区休息，然后两个警察来敲他的车窗，查验了证件，并检查了车辆后备厢。

友：你没问问他警察为什么偏偏盯上他？

我：当然问了，不过他也说不上来，他说他认为有可能是他的车太脏了，又是外地牌照，所以引起了警察注意。

友：也就是说，他只是开了一辆长时间没洗的挂着外地牌照的车在服务区睡觉，就成功吸引了警察的注意，警察对他进行了盘问，对车辆进行了检查，还真发现了问题，就这样导致了案发。

我：是的。

友：还真有点祸从天降的感觉。

我：整个盘查程序组织得倒是没问题，当场盘问、检查笔录，继续盘问笔录，继续盘问审批表，延长继续盘问时限审批表等一应俱全。

友：问题不在于程序的组织，而在于程序的启动。

我：《人民警察法》第9条规定，为维护社会治安秩序，公安机关的人民警察对有违法犯罪嫌疑的人员，经出示相应证件，可以当场盘问、检查。

友："有违法犯罪嫌疑"是相当模糊的表述。

我：是的，对"有违法犯罪嫌疑"的定义，法律没有给出明确解释，也没有指导性意见，造成在实践中警察没有可参照的启动标准，警察在确定盘问对象时往往表现出很大的任意性。比如张三，很偶然地被警察一眼相中了。

友：判断"有无违法犯罪嫌疑"，主要是建立在经验基础之上，但也绝非可以任意为之。

我：我们的法律传统更强调社会公共利益，倾向于赋予公安机关更大权力，但绝不意味着私人空间可以被公共权力无限压缩。

友：你认为警察对张三的盘查合法吗？

我：不同的人对这个问题会有不同的回答，但是于我而言，我当然不希望看到这种情况，因为我的车也很脏。我绝对无法容忍仅仅因为车脏，就被查身份证，就被盘问，就被翻后备厢。所以我的回答是：我认为对张三的盘查非法，所取得的证据应该作为非法证据排除，张三应该无罪释放。当然我也知道这是不可能的。

友：我觉得大多数人不会同意你的观点，而且即便从你说的这个案例来看，警察的判断也是靠谱的，结果证明了警察的这种判断。

我：结果正确就能代表过程正确吗？总以旁观者的角度看待问题是一种冷漠，铁拳随时可能砸到我们每一个人头上。为维护预防和打击犯罪这一社会公共利益，当然有必要允许警察对个人的权利进行轻微的侵害，但这种风险或者损失必须是可以接受的，必须符合比例原则。

盘查的随意性还体现在盘查时间和盘查地点具有随意性等方面。因法律未对盘查的适用时间进行明确规定，实践中超时限行使盘查权的问题较为常见，也会发生因当事人态度不好而故意延长盘查时间的情形，这在本质上是对当事人合法权益的一种侵害。一般来讲，盘查应限于公共场所，但对公共场所的哪些人可以进行盘查，实践中做法不一。比如，在街头盘查中，警察可以对不具有合理怀疑的所有公民进行"拉网式"盘问。再如，根据领导要求或开展某种专项行动时，往往会对特定区域展开"大清查"，出现"逢人必查""逢房必查"的结果，"以至于公民随时都可能成为警察盘查的对象，只要警察主观上判断其具有违法犯罪的嫌疑"。[1]

　　警察盘查措施的适用具有高频性特征，是一种典型的公开警务活动，与普通百姓联系较为紧密，执法中的问题容易引起社会关注。近年来，随着我国立体化社会治安防控体系的不断完善和信息科技赋能智慧警务，警察执法规范化建设水平日益提高，滥用盘查权的案例已经大幅下降。但即便如此，盘查中侵犯公民正当权利的案例仍时有发生，依然值得我们高度关注。

　　笔者以为，基于盘查自身具有"确认"或"排除"违法犯罪嫌疑的特性，执行盘查的警察往往是凭自己的经验和生活阅历作出一个初步判断。这决定了盘查的结果具有不确定性，无法保证每次盘查均能取得确定结果，盘查的随意性问题也是世界各国警务中存在的较为普遍的问题。事实上，盘查启动条件的模糊并非是影响公民正当权利的关键，实践中往往在于盘查后续执法过程中涉及警察权的滥用，比如对当事人的殴打、违反比例原则使用强制措施以及处置不当等问题，这些对公民正当权利的侵犯连带引发了对盘查启动标准不明确的检讨。

二、盘查对象的选择容易进入歧视性误区

　　根据《人民警察法》的规定，盘查的对象是"有违法犯罪嫌疑"的人，但何谓"嫌疑"，法律无法进行量化的明确规定。"'嫌疑'是指情况

---

　　[1]　高一飞、林国强："论盘查的法治化"，载《河南科技大学学报（社会科学版）》2007年第1期，第99页。

了解不够、不能确定是否真实的事情，它是真假虚实难以确认的客观事物在人们头脑中的反映。盘查中的疑点是警察在盘查过程中发现的，可能与违法犯罪有关的各种迹象。"[1] 这种"迹象"往往是基于警察自身执法经验的主观判断，疑点的表现形式多种多样。实务中的判断一般包括身份疑点、行为疑点、携带物品的疑点、痕迹疑点、时空疑点等诸多方面。比如身份疑点的判断中，往往会从穿着打扮、身份地位、口音、体貌特征等方面进行预判，社会弱势群体和外来流动人口往往会首先进入警方盘查的视野。

这种经验判断难以形成固定的规则，往往依赖警察之间的口传心授，对盘查对象的歧视性必然成为一种警务经验和生活常识得以延续。但"身份查验在服务于社会管控的同时，也潜藏着身份歧视的危险，以至于造成某种观念倒置：不再以行为确定违法，而以身份确定违法，因具备或不具备某种身份而失去自由"。[2]

据对 T 市某分局开展的五天集中行动中盘查人员统计显示，"五天时间，全分局共盘查 238 人，其中外来人员 228 人，占 95.8%（其中外省人员 172 名、本省外市人员 56 名），而本市人员仅 10 名，占 4.2%。在被盘查的 238 名外来人员中，因盘查被处治安拘留以上的 22 人，占 9.2%"。[3] 但问题的关键在于，这种经验判断往往会得到盘查实践的印证，使得警察盘查对象的歧视性问题成为一种在理论上存在但在执法实务中无法破解的难题，这是由盘查本身的局限性所决定的，并非单由执法者的个体要素所导致。同时，盘查对象的歧视性问题也是世界各国警察执法中的普遍现象，比如美国警察针对黑人的歧视性盘查成为种族歧视中的一种结构性问题，由此持续引发美国社会激烈的警民冲突，但该问题难以在短期内得到解决。

---

〔1〕 刘小荣："治安盘查对象的识别与接近"，载《云南警官学院学报》2016 年第 1 期，第 71 页。

〔2〕 邓子滨："路检盘查的实施依据与程序监督"，载《法学研究》2017 年第 6 期，第 182 页。

〔3〕 魏建华："人民警察的盘问留置权研究"，上海交通大学 2007 年硕士学位论文，第 32 页。

另外，盘查对象的歧视性还表现在，凡是有违法前科的人员，只要警察发现或相关系统预警，大多都会招致警察的严格盘查，尤以吸毒等前科人员到网吧上网、旅馆入住等情况为甚。不少公安机关都规定警方接到系统自动报警，警察应对相关人员进行盘查。比如据《南方都市报》报道，兰州一位网友自称是"两劳"释放人员，每次到网吧用身份证实名上网后都会有警察对其进行盘查，警察告诉他只要用身份证上网警方就会接到报警。兰州当地警方也证实，只要身份证中有犯罪记录的人到网吧刷身份证上网，就会有警察去盘查，并且没有取消的期限。[1]

对有犯罪前科的人进行适当约束，从某种程度上讲，是对其行为的一种持续关注和监督，能够降低其再犯的可能性。但上述兰州警方的行为也引发了不少争议，有人质疑，对于有犯罪前科的人实施无期限盘查，这种做法是否符合比例原则？有前科不代表就一定会犯罪，警方的做法有无法律依据？被盘查者的生活隐私权如何衡量？警方此举往往是基于维护社会治安的公共利益的考虑，且不说经常接受盘查会对生活造成的不便，单是盘查这种行为在当事人心理上会造成多大的阴影就足以让人深思。这种针对前科人员启动盘查的规定缺少基本的法律依据，往往来源于公安机关的内部规定，背后同样隐含了针对特殊对象的歧视性盘查问题。这种歧视性盘查实际上能够通过制度设计予以避免，其与盘查本身具有歧视性具有本质的不同。

三、盘查范围容易出现扩大化

我国盘查制度源于城市警察的巡逻勤务，而巡逻一般是在公共场所进行，因此初始意义上的盘查一般认为应在公共场所进行，警察进入公民个人住所，需要遵循法定事由和程序。但《人民警察法》对盘查的规定使得警察盘查不仅仅局限于公共场所，该法规定对"被指控有犯罪行为的、有

---

〔1〕 "专家称盘查网吧上网的'有前科者'违法"，载网易新闻，http://tech.163.com/10/1013/01/6IRAVK76000915BF.html，最后访问时间：2020年6月8日。

现场作案嫌疑的、有作案嫌疑身份不明的、携带的物品有可能是赃物的"等"有违法犯罪嫌疑"的人，均可启动盘查，显然这种嫌疑未必局限于公共场所，非公共场所也可能会发生。

另外，《居民身份证法》第15条规定，对有违法犯罪嫌疑的人员，依法实施现场管制时、发生严重危害社会治安突发事件时以及在火车站、长途汽车站、港口、码头、机场或者在重大活动期间设区的市级人民政府规定的场所，需要查明有关人员身份的，警察可以查验居民身份证。上述规定虽然将"火车站、长途汽车站、港口、码头、机场"等公共场所查验身份证的情形单列，但"对有违法犯罪嫌疑的人员"的身份查验同样不局限于公共场所。因此，笔者以为，那种认为盘查一律要在公共场所才可启动的观点既无明确的法律依据，也未关注执法实务的现实场景。

但需要注意的是，盘查实际上具有"秩序整治"的隐性功能，在相关政策制定中，一旦这种隐性功能被明确放大，则盘查的范围极易脱离法律规定的应然状态，成为达到某种特定目的的手段和工具。

比如，深圳警方在2011年"大运会"之前开展的"加强治安高危人员排查清理百日行动"，确立了"动态排查、全面清理"的方针，"各派出所将采取密集走访、路面盘查、区域清理、重点盯防、露头就打、全面堵截等超常规的清理挤压措施，形成严查、严管、严治的高压震慑态势"。从2011年1月至4月，"深圳市公安局出动警力28.4万人次，检查出租屋33万余间（次）、网吧3.2万多家（次）、旅业6万余家（次）、休闲娱乐场所约2万家（次）"，[1]客观上有助于社会秩序的整治，有利于为重大活动营造安定有序的社会环境。

但这种借盘查及其随后的打击职能的强化，也引起诸如"骚扰式盘查""'治安高危人员'的尺度和标准如何界定"等质疑之声。但从犯罪学的角度看，这种"驱赶式盘查"可能会存在犯罪迁移的问题，执法成本也较高，并非是一种理性的和经济的做法，本质上仍是一种运动式执法模

---

[1] "南山警方实施超常规措施挤压高危人员活动空间"，载深圳南山网，http://www.sznsnews.com/content/2011-03/16/content_5434689.htm，最后访问时间：2011年6月10日。

式，难以长期为继，行动结束，往往会带来违法犯罪的反弹。

笔者以为，在我国社会治安防控的不同历史阶段，以"大规模盘查"为代表的运动式治理作为治理逻辑的重要组成部分，始终存在并且总以某种方式反复出现，深深嵌入治理主体的思想认知中，并已经普遍化为社会公众、执法主体、主管部门等各方习以为常的"共有知识"，[1]使得特殊时期权宜性举措的运动式防控成为主政者惯常的选择。运动式治理一般具有立竿见影的明显效果，对于特定时期针对特定突出治安问题的应对，具有内在合理性。但诸如大规模全面盘查的运动式执法，虽然是克服选择性、歧视性执法弊端的绝好方法，但这种"拉网式"盘查运行的成本较高，且容易累及无辜。比如在美国，警察曾以反毒名义，对州内或州际长途汽车进行无特定怀疑的拉网式大检查，每一警察可在 9 个月中搜查 3000 个提包，但截获毒品的成功率很低，检查 100 辆车平均才有 7 次逮捕，以每辆车载 50 人计，100 辆车共 5000 人，7 次逮捕相当于 0.14% 的查获率，被认为是投入与回报严重不成比例。[2]

另外，"运动式执法"难以从根源上解决问题。这种执法行为虽然能够实现快速的社会秩序恢复，但其后问题容易快速反弹，本质上是一种"头痛医头，脚痛医脚"的应急性、粗放式治理模式，虽能在短期内改变某些类型的违法犯罪态势，但难以潜入微观层面分析违法犯罪问题，无法从源头治理违法犯罪现象。

研究表明，专项治理过程中的运动式执法有着自身的发生机理，显见的治理效果与有效防控资源之间的紧张关系成为运动式防控的内生动力。但笔者以为，当警察学术的理论研究和产品不足以有效指导实践时，运动式执法这种基于常识理论或个人经验的判断就会成为一种理所当然的选择。随着警察学、犯罪学学术研究的深入和科研产品的丰富，尤其是基于

---

〔1〕　周雪光："运动型治理机制：中国国家治理的制度逻辑再思考"，载《开放时代》2012 年第 9 期，第 115 页。

〔2〕　Elianna Spitzer：*Florida v. Bostick*：*Supreme Court Case*，*Arguments*，*Impact*：*Are random bus searches a violation of the Fourth Amendment？* https：//www.thoughtco.com/florida-v-bostick-4769088，最后访问时间：2020 年 3 月 23 日。

大数据的智慧警务的日益发达，这种"全面清查"式的大规模运动式执法
将日益向"精准盘查"的警务模式转变，最终实现习近平总书记提出的
"把专项治理和系统治理、综合治理、依法治理、源头治理结合起来"的
目标。

第五章

我国警察盘查的类型化研究

我国法律缺乏对警察盘查权种类的明确规定，没有区分不同情境下各种盘查措施的适用规则，立法上的这种"大一统"规定直接带来实践中丰富多元的警察盘查场景只能遵循相同的规则，带来部分盘查措施过度、部分盘查措施力度不够的问题。理论上以盘查对象为标准将盘查约略区分为对人的盘查、对物的检查和对场所的检查的类型过于简单，无法满足日益丰富的警务执法活动需要。

实践中盘查的类型远远超出了法律的明确规定，身份查验、拍身检查、路检、酒精（血液）检测、设卡盘查、公安检查站查控等形式多样的盘查措施大量存在，尤其是在此过程中对人体信息诸如指纹、掌纹、血液DNA信息的采集等措施，法律缺乏明确的规定和有效的整合，使得实践中这些具体措施处于法律的灰色地带。根据不同场景对警察盘查进行类型化区分，确立不同类型的适用规则和基本程序，是解决我国警察盘查理论和实践中诸多问题的关键。

第一节　身份查验

身份查验制度古已有之，是一项较为古老的警察职权，其对打击违法犯罪、维护公共安全具有重要作用。即使是在智慧警务日益发达，警察查验身份的行为出现下降的时代背景下，身份查验对预防打击违法犯罪也发挥着重要作用。据统计，在 2016 年 1—5 月，全国铁路公安机关通过查验居民身份证，已经抓获 1.1 万名在逃人员，包括杀人、抢劫、诈骗、拐卖妇女儿童等违法犯罪人员。[1]

身份查验是警察的法定职责，构成警察盘查的起点，既是诸多警察执法行为中的一种附带性措施，也是最为常见的一类盘查措施，成为日常警察行政中最为常见的一种街头警务行为。

一、身份查验制度的历史沿革

前文在我国盘查制度历史渊源的梳理中已经对我国早期的身份查验制度进行了概述，下面仅对新中国成立以来我国身份查验的法律沿革进行文本意义上的分析。

国务院 1958 年发布的《中华人民共和国户口登记条例》首次将居民分为城乡"农业户口""非农业户口"，正式建立了我国户口制度，户口簿成为居民身份的重要证明文件，"改革开放之前，人口流动主要依靠'户口簿+介绍信'的方式进行"。[2]

我国首次在法律意义上提出"居民身份证"概念的是 1984 年国务院制定的《中华人民共和国居民身份证试行条例》，该试行条例第 1 条就规定了立法目的，"为了证明公民身份，保障公民的合法的权利和利益，维护社会秩序"，明确将"维护社会秩序"作为该试行条例的重要目的之一。根据该试行条例规定，居民身份证具有证明公民身份的法律效力，赋予公安机关负责颁发和管理的权力，同时在第 16 条规定了公安机关查验居民身份证的权力和公民配合的义务。通过国务院法规的形式正式确立了警察查验居民身份证的法律制度。同时明确，拒绝公安机关查验居民身份证的，根据情节轻重，依法给予治安管理处罚或者追究刑事责任。该试行条例虽

---

〔1〕 "人民警察应当如何依法查验居民身份证"，载《现代世界警察》2016 年第 10 期，第 112 页。

〔2〕 闵丰锦："保障人权视阈下的身份证查验研究"，载《西部法学评论》2016 年第 6 期，第 92 页。

然规定了公安机关查验居民身份证的权力，但缺少具体的条件和程序性规定，对拒绝查验身份证的行为给予"刑事责任"的规定也与行为的危害程度不相当，本质上更侧重于公权力的保障。

1985年第六届全国人大常委会通过了《中华人民共和国居民身份证条例》，将居民身份证制度进一步上升为国家法律，这是我国第一部关于居民身份证的法律。该条例以国务院试行条例为基础，确认了公安机关查验身份证的权力和公民配合的义务。基于试行条例缺少程序规定的缺陷，该条例进一步细化了公安机关查验身份证的流程，即"执行任务的公安人员在查验公民的居民身份证时，应当出示自己的工作证件"，并对"不得任意扣押、抵押"居民身份证进行了禁止性规定，即公安机关除对于依照《刑事诉讼法》被执行强制措施的人以外，不得扣留公民的居民身份证，这是我国居民身份证法律制度中的一个巨大进步。同时，删除了拒绝查验身份证可能追究刑事责任的规定，仅规定"拒绝公安机关查验居民身份证的，按照治安管理处罚条例有关规定给予处罚"。这种规定更加合理，本质上确认了对拒绝查验居民身份证的行政违法行为进行行政处罚的要求，是"合理行政原则"的具体体现。

1985年《居民身份证条例》授权公安部制定具体实施细则，1986年11月，公安部制定《中华人民共和国居民身份证条例实施细则》，并经国务院同意发布。该细则进一步细化了身份查验的具体情形，即"追捕逃犯、侦破案件中，遇有形迹可疑或被指控有违法犯罪行为的人需要查明身份时；维护铁路、公路、水运、民航等公共场所治安秩序以及巡逻执勤中，对有违反治安管理行为的人需要查明身份时；对各种灾害事故和突发性事件进行现场调查时；办理户口登记手续和核查户口时"四种情形，同时明确规定"户口登记机关应当结合日常管理工作定期查验居民身份证"，实际上是赋予居民户籍所在地公安派出所在日常管理工作中查验居民身份证的权力。

1994年公安部制定《城市人民警察巡逻规定》，赋予警察在巡逻执勤中可以依法盘查有违法犯罪嫌疑的人员，检查涉嫌车辆、物品以及查验居民身份证等权力，但对盘查以及查验的程序和条件未进行明确规定，只对警察巡逻执勤时"穿着警服、不得超越或滥用职权以及举止规范、文明执勤"等进行了一般的规定。

全国人大常委会 2003 年公布《居民身份证法》，延续了公安机关查验居民身份证的四种情形："有违法犯罪嫌疑的人员、依法实施现场管制、发生严重危害社会治安突发事件时、法律规定需要查明身份的其他情形，需要查明现场有关人员身份的"，将实施细则中"追捕逃犯、侦破案件中，遇有形迹可疑或被指控有违法犯罪行为的人员"的规定修改为"有违法犯罪嫌疑的人员"，实际上降低了查验居民身份证的条件。同时，删除了拒绝查验身份证应承担相应法律后果的规定，在该法审议期间，时任全国人大常委会法律委员会副主任委员胡光宝指出，"如果有违法犯罪嫌疑而拒绝查验的，公安机关可以依法采取不同措施进行审查，而不能只是罚款了事；如果没有违法犯罪嫌疑而拒绝查验的，可以批评教育，但没有必要处罚"。2011 年，全国人大常委会修改了《居民身份证法》，新增查验身份证的一种情形，即"在火车站、长途汽车站、港口、码头、机场或者在重大活动期间设区的市级人民政府规定的场所，需要查明有关人员身份的"，当时火车购票尚未实现实名制，身份查验成为防范公共场所发生恐怖活动和暴力犯罪的重要基础性执法行为。

二、身份查验制度的法律考察

身份查验是《人民警察法》和《居民身份证法》赋予警察的一项法定职权，该职权的启动基于依法执行职务的警察主观上认为公民有违法犯罪嫌疑的事实以及法律规定的特定情形。

（一）身份查验的合法性分析

赋予警察查验身份的权力是世界上绝大多数国家的通行做法，但就身份查验行为的实体要件以及该行为的法律后果而言，各国不尽相同。

德国警察有权核查滞留于"易发生危害地点"的所有人的身份，如果被盘查人无法提供证明或拒绝陈述，警察有权强迫其到警察局进行继续盘问。法国警察有权"为防止对治安尤其是人命或财产安全之危害，对所有人，不论其有何举动，进行身份查证"，对拒绝证明自己身份的或无法查证的，警察享有留置权。英国于 1939 年曾经制定过《全国登记法》，规定当一名身穿制服的警员向市民索阅身份证件时，市民必须出示或在指定的时间内在指定的地点向指定的人员出示，否则可能获罪。该法于 1951 年被废除，此后英国公民不具有配合警察核查身份的法定义务，但是英国 2000 年的《反恐怖法》规定，盘查中不服从警察命令，或故意妨碍警察行使权力的皆为犯罪行为，实际上再次赋予警察核查居民身份行为的权力。日本的《警职法》规定，盘查的实质要件是"警察对有异常举动或其他依周围情况合理判断，有相当理由足以怀疑"，但并没有授予警察对无任何嫌疑的人进行身份检查的权力，而且在盘查中只允许警察使用一定的强制力。

　　我国警察执法实务中，身份查验几乎是各类盘查措施中首先选择的必备行为，有些警察甚至将盘查等同于身份查验。相对人当场不能提供身份证明，似乎增加了"违法犯罪嫌疑"的可能，如果警察现场无法通过警务科技手段和指挥中心确认当事人的身份信息，几乎所有的警察都会将其带至公安机关进行继续盘问，不能提供身份证明事实上成为启动继续盘问的要件之一。对此问题，法律上并没有明确规定，但在《居民身份证法》中有类似规定，[1] 如果当事人拒绝警察的身份查验，警察可以采取包括继续盘问等在内的相关措施。

　　根据《居民身份证法》规定，在下述几种情形下，警察经出示执法证件，可以查验居民身份证：第一是对有违法犯罪嫌疑的人员需要查明身份的；第二是依法实施现场管制时，需要查明有关人员身份的；第三是在发生严重危害社会治安突发事件时，需要查明现场有关人员身份的；第四是

---

　　〔1〕《居民身份证法》第 15 条第 1 款、第 2 款规定，人民警察依法执行职务，遇有下列情形之一的，经出示执法证件，可以查验居民身份证：对有违法犯罪嫌疑的人员，需要查明身份的；依法实施现场管制时，需要查明有关人员身份的；发生严重危害社会治安突发事件时，需要查明现场有关人员身份的；在火车站、长途汽车站、港口、码头、机场或者在重大活动期间设区的市级人民政府规定的场所，需要查明有关人员身份的；法律规定需要查明身份的其他情形。有前款所列情形之一，拒绝人民警察查验居民身份证的，依照有关法律规定，分别不同情形，采取措施予以处理。

在火车站、长途汽车站、港口、码头、机场或者在重大活动期间设区的市级人民政府规定的场所，需要查明有关人员身份的。除第一种情形需要"违法犯罪嫌疑"外，第二、第三、第四种情况中，在特定场所或具备特定情形，即使当事人没有违法犯罪嫌疑，只要警察认为需要，都可以查验所有当事人的身份。

实践中，警察进行身份查验也容易引起警民冲突。一方面，被查验者容易对执法警察心怀不满，认为为什么偏偏要查我；另一方面，当要求对方出示身份证件被拒绝后，个别警察容易感到自尊心和执法权威受到伤害，双方由此引发不必要的语言冲突。对此问题需要明确，身份查验是法律赋予警察的一项职权，公民应予以主动配合，同时，警察更需要规范执法和文明执法，可以在方式上灵活一些、语言上文明一些、手段上柔软一些，同时要遵循着装或表明身份、出示警察证的程序性规定，严格按照法律规定查验身份。

身份查验的合法性主要包括以下四方面内容：一是主体合法，即只有警察才能查验，协管员、治安员、协警、辅警等不具有警察身份的人不得查验；二是前提合法，即在依法执行职务时查验，非依法执行职务时不得查验；三是目的合法，即须为履行预防、制止和侦查违法犯罪活动，维护社会治安秩序等职责，不得为了其他目的查验；四是程序合法，即先要表明警察身份并出示警察证等执法证件，特别是在没有穿着警服的情况下，更要先出示执法证件；五是对象合法，即需要具备《居民身份证法》等法律规定需要查明身份的情形。

另外，笔者以为，核查身份作为警察盘查中几乎必不可少的行为，且《居民身份证法》中有类似规定，完全可以将其与盘查制度进行整合，明确核查身份是盘查的先行措施。这不仅与法律规定相吻合，而且也与实践中身份查验几乎成为所有对人的盘查必备内容的执法现实相呼应。

（二）身份查验的启动标准

我国警察身份查验的职权最主要的法律依据是《人民警察法》和《居民身份证法》，但需要明确的是，无论是《人民警察法》第9条规定还是

《居民身份证法》第15条规定，均是法律的一种特别授权，并非是普遍性授权。从法律条文的规定看，上述法律虽然规定了警察查验身份的权力，但在一般情形下，执法警察并不必须查验公民居民身份证件，只有在法律规定的情形下才可以查验居民身份证件，法律为警察的身份查验职权设定了启动的标准。

但在执法实践中，基于"有违法犯罪嫌疑"的判断标准是由执行职务的警察作出的现实，是否有违法犯罪嫌疑基本上是警察基于自身经验和客观环境独立作出的判断，本质上属于警察自由裁量权的范畴，难以在法律上进行量化。此外，社会环境的复杂性和不断变化性决定了执法是一个动态的过程，想在法律上建立"违法犯罪嫌疑"的确定规则几乎是不可能完成的任务，事实上也无此必要。因此，笔者以为，身份查验乃至于整个盘查制度的启动标准难以一概而论，法律对"有违法犯罪嫌疑"的规定，更多的是一种形式意义上的宣示，实践中难以细化和标准化。

（三）身份查验的步骤

身份查验虽然是一种独立的盘查措施，但如果从其实施过程来看，该措施实际上包含了一系列具体步骤，一般认为一个标准的身份查验包括"拦停——询问——令交付证件——检查——放行或采取其他措施"等步骤，简述如下。

第一，拦停。警察为进行身份查验，可以拦停人、车及其他交通工具。"拦停"在美国法中称为 Stop，区别于 Arrest（逮捕），拦停一般认为属于一种较为轻微的行政强制措施，其对当事人正当权利的侵扰极为轻微，各国法律基本上都设定了较为宽松的条件，无须申请令状，也不需要获得提前授权即可实施，当事人有配合和容忍的义务，否则有可能遭致更为严重的行政强制措施。

第二，询问。拦停当事人后，警察可以询问其姓名、出生年月日、出生地、国籍、住居所及身份证号码等信息，也可以对当事人为何在此地出现以及到往何处等必要信息进行询问。

第三，令交付证件。在询问的过程中或者询问后，警察可以命令当事人交付身份证件，以确定身份。一般来讲，居民身份证、户口簿、护照、驾驶证等证件均具有证明当事人身份的作用，尤其是随着信息技术的发展，数字身份证件实际上也能起到证明当事人身份的作用。如当事人未携带，警察可以通过当事人自报身份证件号码通过警务通或其他途径予以确认，或者直接采取人脸识别系统予以确定。

第四，放行或采取其他措施。经身份查验后，如能够排除当事人的可疑情形，则应立即礼貌放行，如无法排除或通过身份查验违法犯罪的嫌疑增强，则可依据法律规定采取人身检查、物品检查、继续盘问或传唤等其他措施。

另外，近年来，执法实践中还有通过身份查验或盘查行为现场采集当事人指纹、掌纹等身体生物信息的行为。对此种行为，我国2015年制定的《反恐怖主义法》第50条进行了规定，公安机关调查恐怖活动嫌疑，可以依照有关法律规定对嫌疑人员进行盘问、检查、传唤，可以提取或者采集肖像、指纹、虹膜图像等人体生物识别信息和血液、尿液、脱落细胞等生物样本，并留存其签名。但在除反恐之外的其他执法领域，警察是否可以采取收集相对人上述身体生物信息，法律并未进行明确规定。

身体生物信息对预防和侦破恐怖主义犯罪及严重暴力犯罪发挥了非常重要的作用，是非常重要的刑事司法证据。近年来，随着生物科技的发展，采集并储存当事人身体生物信息的行为似乎在世界各国警察中都有出现，比如两大法系国家都有规定，身份查验是一种直接强制行为，在列队辨认和提取指纹、声纹、掌纹、测量身高体重程序中嫌疑人不享有沉默权。例如，美国判例法规定，警察有权在有合理怀疑的情形下当场迅速地实施让嫌疑人捺指纹等措施。德国法律规定，对于无固定住所的人，或为防止可能构成犯罪行为的发生，且以其他方法不能查明其身份时，警察机关可以不经相对人同意而实施上述措施。

实践证明，在对当事人身份查验中采集身体生物信息，对于打击、预防犯罪具有重要的作用，但核查身份与采集身体生物信息仍不可同日而语，身体生物信息关系当事人的隐私权，属于宪法上的权利，且某一种族生物信息关涉国家安全，应有法律明确的规定和授权，理应采取比一般身份查验措施更为严格的标准和程序。对此问题，2016 年公安部公布的《人民警察法（修订草案稿）》规定，警察可以检查违法犯罪嫌疑人的身体，采集其面部肖像、指纹、声纹、虹膜图像等个体识别信息和血液、唾液、尿液、毛发等生物样本。违法犯罪嫌疑人拒绝检查、采集的，可以强制检查、采集。但上述规定仍缺少必要的程序规定和法律规制。

第二节　当场盘查

当场盘查是当场盘问、检查的简称，是盘查制度的重点和核心，在盘查法律体系中占据重要地位。但从法律规定看，当场盘查制度较为简陋，其启动标准、具体措施和相关程序较为模糊，实践中也存在诸多不规范之处，且由于当场盘查较为普遍，对当事人权利的侵害较轻，无论是盘查主体和被盘查对象，均未充分认识到当场盘查中存在的问题。

我国法律将盘查分为当场盘查和继续盘查两大类。1986 年公安部发布《关于组建城市治安巡逻网的意见》，首次规定巡逻民警的任务包括"盘查形迹可疑人员"；1994 年公安部《城市人民警察巡逻规定》第 5 条明确规定，人民警察在巡逻执勤中可以依法盘查有违法犯罪嫌疑的人员，检查涉嫌车辆、物品；1995 年《人民警察法》第 9 条规定，为维护社会治安秩序，公安机关的人民警察对有违法犯罪嫌疑的人员，经出示相应证件，可以当场盘问、检查；经盘问、检查后有法定情形的，可以带至公安机关对其继续盘问，进一步明确了继续盘问制度。至此，我国建立了较为完整的当场盘问检查与继续盘问相结合的具有中国特色的警察盘查法律制度体系。

一、当场盘查的具体措施

根据我国法律法规对盘查类型的分类，当场盘问、检查可以称为"当场盘查"。具体细分，包括对人的盘问、对身体的检查、对物品的检查、对车辆的检查和对场所的检查等几个方面，其中检查是当场盘查的核心内容，但"违法犯罪嫌疑"的启动条件，又决定了当场盘查中的"检查"区别于证据收集中的"检查"，二者的目的及强制程度均不相同。下文主要对当场盘查中对身体的检查、对物品的检查以及对车辆的检查的措施进行阐述。

（一）对身体检查的措施

对身体的检查，美国法上称为"拍身检查"，限于身体外部的轻拍以发现是否携带武器，警察无权进行彻底的全面的搜查（Full-blown Search）。英国规定公开场合的搜查必须"限于外部衣服的表层检查"，如果存在进一步搜查的合理根据，可以在附近的警察巡逻车内或者警察局进行较深入的搜查。在美国，拍身检查是拦阻的延伸步骤，虽然两行为的实体要件均为"合理怀疑"，但其内容并不相同，拍身检查中的"合理怀疑"是指警察必须合理地相信"嫌疑人可能持有武器并具有现实危险性"。拍身检查的侵犯性较拦阻更为严重，因此其实质性要件也应当更严格。

作为主要的盘查措施之一，拍身检查自产生以来一直呈不断扩展之势。首先是行为目的的扩展。拍身检查最初的目的是保护警察，因此拍身也被称为保护性搜查（Protective Search）。后来扩展到对未然犯罪的侦查方面，再扩展到对已然犯罪的侦查方面；其次是行为对象在扩展，从对他人的拍身检查扩展到对他人所驾驶的车辆以及其携带的行李的检查上。检查的目标从武器扩展到违禁品；再次是构成"合理怀疑"的标准在降低，最初法律要求拍身检查的"合理怀疑"必须建立在实施拍身检查行为的警察亲身观察的基础之上，之后的判例将这一标准放宽到他人提供的情报和其他单位协查通报均可构成"合理怀疑"；最后是拍身检查的程序在简化，Terry V. Ohio 案中法院强调拍身前警察必须先盘问，除非盘问不能解除对安全的顾虑，才能实施拍身检查。此后，美国联邦最高法院承认在紧急情况下警察无须表明身份以及实施盘问而直接对他人进行拍身检查的合法性，从而使拍身检查的程序得以简化。

"拍身检查"在我国并不是一个规范的法律术语，但在盘查实践中被大量运用，从技战术的角度看，实践中的人身检查首先就要进行"拍身检查"。我国法律对人身检查的启动、性质、程序和目的等细节未作明确规定，尤其是对盘查中人身检查的目的到底是保障执法警察的人身安全还是排除或确认"违法犯罪嫌疑"，法律并未明确，但依笔者理解，人身检查显然包括上述两种目的。

我国法律未对人身检查的目的进行明确规定是符合执法实践的现实需求的。首先，警察执法中必须要保证自身的人身安全，人身检查的首要目的就在于要通过检查排除当事人携带刀具、枪支等危险物品以威胁执法警察或社会公众乃至当事人自身安全的情形，此时的检查首先是一种"安全检查"。其次，从我国盘查的启动标准也可以明确，"违法犯罪嫌疑"首先是一种主观判断，这种主观判断需要客观的证据予以支持，比如在举办大型活动时，警察对明显违反生活常规在夏天穿着较厚重衣服的当事人进行人身检查，其目的必然内含着确认是否违法犯罪嫌疑的目的，此时的人身检查就具有证据收集的目的，美国等西方国家将拍身检查严格限定于确保警察人身安全的层面，可能并不符合盘查的内在目的。

（二）对物品检查的措施

当场盘查时，如果有明显事实足以认为当事人携带有自杀、自伤或伤害他人生命或身体的危险物品，警察可以检查其携带的物品和包裹。

如果当事人随身携带了背包、行李，执法警察还可以基于合理怀疑对其物品进行检查。对此问题，有学者以英美国家法律规定为据，认为当场盘查中警察对当事人物品的检查，要么行"令状主义"取得法定授权，要么只能对物品表面进行"轻拍"检查。笔者以为，这种规定极容易造成当场盘查"动口不能动手"的局面，不利于警察盘查目的的实现，带来盘查功效的降低。21 世纪以来，随着恐怖主义威胁尤其是"独狼式"自杀袭击的出现，西方国家也在降低盘查中对随身携带物品进行检查的高门槛限制，以进一步彰显盘查勤务的功用。

（三）对车辆检查的措施

西方国家认为车辆具有隐私属性，一直对车辆的检查规定了较为严格的标准，早期一般均规定对车辆的检查应行"司法令状主义"，比如美国早期对车辆的检查就必须取得令状方可进行。当时车辆数量还较少，属于特殊的物品，承载了宪法上的"行动自由权""财产权""隐私权"等重要权益，因此法律对车辆检查制定了较高的标准。

但1925年美国联邦最高法院在Carroll v. US案中，开创了汽车搜索无需令状的原则。[1] 该案发生在美国禁酒法案期间，联邦中执法人员有相当理由怀疑当事人驾驶的车辆中载有私酒，但没有相当理由逮捕驾驶人，执法人员在高速公路上拦截驾驶人后，立即加以检查，果然发现了车上的私酒。联邦最高法院最后判决警察无令状对车辆的搜查合法，法院认为汽车不同于房子，汽车的机动性容易造成紧急状况，如果要求警察在此情形下申请令状后才可以实施相关的检查和搜索，汽车有可能逃离现场，显然无法应对当时的情况。此即为"机动理论"，该理论认为如果所要检查的物品具有高度机动性，申请令状后再检查乃是不切实际的做法，此时的无令状检查具有正当性。另外，1967年Katz v. US案奠定了"隐私期待理论"，[2] 之后联邦最高法院除依据"机动理论"正当化汽车搜索的例外，更逐渐以"隐私期待理论"予以正当化。换言之，汽车为交通运输工具，如果不是作为居住使用，汽车在公共道路上行驶，公众能够轻易看见车内的乘客和物品，具有较少的隐私期待。

我国法律对车辆的检查并没做明确规定，一般由交通警察行使，其主要目的在于查处交通违法行为。车辆检查中，能否检查后备厢等法律也没有明确，尤其是在重大活动安保期间，公安检查站几乎对过往所有车辆包括车辆后备厢进行检查，程序上缺乏明确界定。对此问题，需要公安机关内部制定相应规则予以确定和指引。

---

〔1〕 Carroll v. United States，267 U. S. 132（1925），https://supreme. justia. com/cases/federal/us/267/132/，最后访问时间：2020年6月5日。
〔2〕 "隐私期待理论"是从"期待可能性原则"引申而来的，期待可能性原则是基于"法不强人所难"的思想，代表着正当合理要求的理念，缘起于1897年德国法院癖马案的判决；隐私期待理论是指在个案的情况下，义务人主观上应具有合理的隐私期待，汽车作为公共道路行驶的交通工具，其个人隐私权的保护期待可能性会降低（如果作为居住使用，则与住宅一样，个人隐私权的期待性较高），警察在没有令状的情形下可对汽车进行检查。

二、当场盘查的步骤

当场盘查因其具有对当事人权利侵犯强度低的特点，法律上除规定警察应出示证件外，并没有明确当场盘查的相关程序。笔者以为，警察盘查制度本质上是一种警察行政强制措施，很多时候表现为对人身自由限制的即时性强制措施，需要遵循行政强制尤其是即时强制的相关程序规定。从执法实务来看，当场盘查一般包括以下几个步骤。

（一）拦阻

拦阻是执行当场盘查采取的第一个步骤，是拦停阻断盘问对象继续行动并接受盘问的行为。此种短暂阻停的作为，是否构成对当事人人身自由权的限制，理论上各有主张，有人认为拦阻只是单纯的警察事实行为，对人权的侵害极低，不构成对人身自由的干预；也有人主张只要违背当事人的行动意志，即构成对人身自由的限制，需要有法律的明确授权依据方可行使。笔者以为，拦阻属于行政强制措施的范畴，具有暂时限制人身自由的性质，如果当事人拒绝，则警察可以采取强制措施保证当场盘查的顺利进行。

（二）表明身份

拦阻后应立即表明身份，或者在拦阻的同时应及时表明身份，并告知盘查的法律依据。根据公安机关规定，警察执法时，除法律、法规另有规定外，应当随身携带警察证，主动出示并表明警察身份；情况紧急来不及出示的，应当先表明警察身份，并在处置过程中出示警察证。依照规定穿着公安民警制式服装并佩戴警察标志的，可以不出示警察证，但当事人要求出示的，应当将证件打开出示。

（三）查验当事人身份

查验身份时，应当先请被检查人出示身份证件；未携带居民身份证的，请其出示居住证、护照、社会保障卡、驾驶证等依法可以用于证明身份的证件，也可以请其提供公民身份证号码、姓名等信息进行查验。同时可以结合身份查验情况询问当事人相关情况，如询问其从什么地方来，到什么地方去，去干什么等；问清携带的可疑物品的来源、有无证明及其他相关问题等。

（四）人身安全检查和物品检查

对经过盘问，确认有违法犯罪行为或者嫌疑不能排除的，应当先对被盘查人依法进行人身安全检查，再视情况检查其所携带物品。检查物品时，要注意把盘查对象与其携带的行李箱包分离开再进行检查，防止其趁机使用行李箱包中的武器、凶器等进行反抗。

对盘查对象经过盘问后，应区别情况进行处理。对能够排除违法犯罪嫌疑的，警察应立即予以放行；对经过盘问，确认有违法犯罪行为或者嫌疑不能排除的，应当先对被盘查人依法进行人身检查，并进一步检查其携带物品，如仍无法查清疑点或无法排除违法犯罪嫌疑的，应将其带到派出所继续盘问，对需要继续盘问或者已证实有违法犯罪行为，以及有证据证明有犯罪嫌疑的，应当制作《当场盘问检查笔录》，由被盘查人核对无误后签名或者捺指印。对患有精神病、急性传染病或者其他严重疾病的，应采取必要的法律措施，防止意外的发生。对拒绝盘问、纠缠不休的，要设法将其带离现场，避免引起群众围观和双方冲突。

第三节　继续盘问

我国的继续盘问制度是与当场盘查相并列的独立制度，这是区别于西方盘查的重要方面，继续盘问是当场盘查的延续和发展，法律上进行独立规定，明确其运行规则，对于规范继续盘问的实践运行、保障公民正当权利具有重要意义。

一、继续盘问的基本概念

继续盘问是指警察为了维护社会治安秩序，对有违法犯罪嫌疑的人员当场盘问、检查后，发现具有法定情形而将其带至公安机关继续进行盘问和检查的措施。继续盘问也是为各国警察所普遍采用的执法行为，如日本的"同行"、美国的"带至警局",其内涵基本与我国的继续盘问制度类似,但域外往往将继续盘问作为盘查延续措施对待,并没有将其确定为一种独立类型的盘查。我国将继续盘问从当场盘查中剥离出来单独予以规定,一方面是源于继续盘问对当事人人身自由的限制比当场盘查更为严重,另一方面也有利于控制实践中继续盘问无限扩大的现实,特别是制定了专门的部门规章对继续盘问进行明确,能够更好地规范继续盘问行为,以保障相对人的合法权利。

1995年《人民警察法》通过法律形式确立了继续盘问制度,明确了在"被指控有犯罪行为的、有现场作案嫌疑的、有作案嫌疑身份不明的、携带的物品有可能是赃物的"四种情形下,经当场盘查后,可以将当事人带至公安机关对其继续盘问。但该规定相对较为原则,实践中继续盘问大量被用于传唤乃至于成为拘留的前置措施,再加之在继续盘问期间屡屡发生刑讯逼供乃至于当事人非正常死亡等情形,事实上成为容易侵犯公民人身自由的执法领域。公安部虽然也有相关解释,但在实际执行中还是存在许多要求不尽明确、操作不够规范的问题。

公安部2004年7月颁布的《继续盘问规定》严格规定了继续盘问的适用对象和时限、审批和执行、候问室的设置和管理以及执法监督等内容,继续盘问的适用要求大幅度提高,规范性更明确,其总体数量开始呈下降趋势。

总的来看,《继续盘问规定》对继续盘问手段适用的价值取向是——限制、控制,少用、慎用,严格禁止滥用、错用。从执法实际效果来看,确实也达到了制度制定的目的。据某市统计,2004年1—9月,公安机关适用继续盘问措施的对象共有12 419名,月均人数为1380名;而2004年10—12月(《继续盘问规定》实施后),全市公安机关适用继续盘问措施的对象为2117名,月均人数猛降至705.7名,降幅达49%。

需要说明的是,关于继续盘问的名称界定,学界也有不同声音。《人民警察法》第9条规定,"经盘问、检查,有下列情形之一的,可以将其带至公安机关,经该公安机关批准,对其继续盘问⋯⋯对被盘问人的留置时间自带至公安机关之时起不超过 24 小时"，实际上是将"继续盘问"与"留置"的概念并用。1995 年《公安部关于公安机关执行〈人民警察法〉有关问题的解释》（已失效）继续将继续盘问与留置并行使用，以"继续盘问（留置）"的方式处理这两个概念，隐含了继续盘问就是留置的观点。此后，有些地方将该措施称为"继续盘问"，有些地方称为"留置盘问"，有些地方称为"留置"。《继续盘问规定》重新规范了名称，将其统称为"继续盘问"，法律文书、场所名称等也都做了相应修正，用"候问室"取代"留置室"，第 44 条明确规定："公安部以前制定的关于继续盘问或者留置的规定，凡与本规定不一致的同时废止。"

但学界对此并不认同，余凌云教授在《警察调查权之法律控制——在宪法意义上的进一步追问》一文中就明确指出继续盘问制度是警察调查权，而留置是一种行政强制措施，并认为继续盘问和留置是两种不同性质的法律行为。[1] 但也有人认为，"继续盘问"的概念不能准确表达对行为人的"准强制措施"的含义，这样的用语表述未能明确表示出留置盘问权这一措施的法律性质，仍赞成使用"留置"的称谓。[2]

笔者以为，目前"留置"在多个领域使用，检察机关、国家监察机关均有留置的规定，目前最主要指国家监察机关对涉嫌职务违法和职务犯罪的人作出的、期限较长的、在立案后逮捕前能够折抵刑期的、带有羁押性质的刑事调查措施。[3] 基于继续盘问是一种具有行政强制属性的调查措施，一般由公安机关针对违法犯罪嫌疑对象实施，笔者认同《继续盘问规定》统一将"留置"规定为"继续盘问"的处理方法，以与当前国家监察机关和其他领域的"留置"措施相区分。

---

〔1〕 余凌云："警察调查权之法律控制——在宪法意义上的进一步追问"，载《南京大学法律评论》2002 年第 1 期，第 37-49 页。

〔2〕 欧迪："我国警察留置盘问权适用问题研究"，东北师范大学 2019 年硕士学位论文，第 34 页。

〔3〕 秦前红、石泽华："监察委员会调查活动性质研究——以山西省第一案为研究对象"，载《学术界》2017 年第 6 期，第 60 页。

二、继续盘问的启动条件及证明标准

《人民警察法》第9条和《继续盘问规定》第8条规定了继续盘问的启动条件，笔者将其概况为"一个核心、一个前提、四种情形"。

第一，"一个核心"是指适用继续盘问前必须"不能排除违法犯罪嫌疑"，这是继续盘问启动的关键。如果经过当场盘查，能够排除违法犯罪嫌疑，则不得对当事人采取继续盘问措施，当然，如果能够当场确认违法犯罪嫌疑，则也不得对当事人采取继续盘问措施，应该采取诸如传唤、先行拘留、拘传等其他法律措施。

第二，必须经过当场盘问、检查。我国法律将"盘查"区分为"当场盘问检查"和"继续盘问检查"两种类型，规定了当场盘查是采取继续盘问措施的前提条件，未经当场盘查，不得采取继续盘问措施。该规定体现了当场盘查与继续盘问之间的先后逻辑关系，实际上也是与"不能排除违法犯罪嫌疑"的核心要义一脉相承。

第三，必须具有"相当理由"。在英美刑事诉讼法的解释上，"相当理由"是指对犯罪嫌疑具有充分的证据足以使任何一个有正常识虑之人相信，嫌疑人已犯某罪或已进行某罪行为的实施。凡具此明显表现者，均可采取拦阻或盘查。简而言之，在客观事实指出确有犯罪存在，而能够使一个理性、谨慎小心的人相信确有犯罪行为发生，此嫌疑的程度较高，即可启动继续盘问。

如果说当场盘查需要具备"合理怀疑"的标准，那么《人民警察法》和《继续盘问规定》对四种情形的列举式规定，实际上遵循了"相当理由"的要求。《人民警察法》第9条和《继续盘问规定》第8条的表述虽然有差异，但内在逻辑相同，构成了继续盘问启动的四种具体情形，见表5-1。

表 5-1 《人民警察法》与《继续盘问规定》关于继续盘问条件的表述

序号	《人民警察法》第9条	《继续盘问规定》第8条
1	被指控有犯罪行为的	被害人、证人控告或者指认其有犯罪行为的
2	有现场作案嫌疑的	有正在实施违反治安管理或者犯罪行为嫌疑的
3	有作案嫌疑身份不明的	有违反治安管理或者犯罪嫌疑且身份不明的
4	携带的物品有可能是赃物的	携带的物品可能是违反治安管理或者犯罪的赃物的

对上述四个"相当理由"的理解，还需要进一步明确以下几个方面：

第一，《继续盘问规定》第8条对"被指控有犯罪行为的"指控者身份进行限制性规定，明确为"被害人、证人控告或者指认"，该限定实际上意义不大。

第二，"有现场作案嫌疑"的"现场"也应作广义理解。这个现场不仅指正在实施违反治安管理或犯罪行为的作案现场，还包括违法犯罪嫌疑人预备违法犯罪、毁灭违法犯罪证据、逃跑、转移赃物等与违法犯罪有关的现场。此处的"作案"，也同样既包括犯罪行为，又包括违反公安行政管理的行为。《继续盘问规定》将此解释为："有正在实施违反治安管理或者犯罪行为嫌疑的"，将"现场"解释为"正在实施"，同时，解释了作案嫌疑的含义，符合立法原意。

第三，"有作案嫌疑身份不明的"主要是指盘查对象身上有作案工具、血迹、外伤、赃物等违法犯罪证据，体貌特征与通缉的犯罪嫌疑人或逃犯相像以及具有意图自杀、逃跑或其他形迹可疑的情形。"身份不明"在实践中主要表现为当场盘查对象未携带居民身份证或其他能证明其身份的证件且不说明身份的或无法说明身份的；携带的身份证件系伪造或与其所交代的身份或体貌特征明显不符，无法确定其真实身份的；当场盘查对象自报的身份，一时无法查明的等情况。"作案"同样既包括有犯罪作案嫌疑，也包括违反治安管理作案嫌疑。"有违反治安管理或者犯罪嫌疑"和"身份不明"必须同时具备，缺一不可。

第四，携带的物品有可能是赃物。实践中一般可以通过以下几个方面进行判断，比如携带者对所携带物品的名称、品牌、数量、形状、性能不清楚或与时间、场合等明显不符，形迹可疑的；或与携带者年龄、身份、衣着明显不符，形迹可疑的等。赃物不仅指有犯罪嫌疑获取的赃物，还包括违反行政法律获取的赃物。

从当场盘问的"合理怀疑"到继续盘问的"相当理由"，能够明显发现二者的判断标准呈递进关系，"合理怀疑"的要求要比"相当理由"的要求低得多，"相当理由"需要一定的证据和明显的判断予以支撑。根据法定原则，继续盘问必须符合上述法律明确规定的几种情形才可以启动，否则就有违法之嫌。另外，基于对特定对象的人道主义关怀，《继续盘问规定》还对怀孕妇女、老人等特殊对象的继续盘问作出禁止性规定，进一步限定继续盘问的适用范围。

三、我国继续盘问制度存在的主要问题

《继续盘问规定》的出台是对《人民警察法》中继续盘问制度的具体化，对于规范制度运行、保障人权起到非常重要的作用。但该规定本质上是《人民警察法》第9条的细化，作为部门规章的下位立法无法超越《人民警察法》规定的继续盘问的立法内容和立法逻辑，无法从根本上解决继续盘问存在的启动条件模糊，执法实践中被"虚置"、被借用带来制度的异化等核心问题。

（一）继续盘问启动条件存在模糊性

无论是《人民警察法》还是《继续盘问规定》，不能不说都非常重视继续盘问的启动条件，采取了"一个核心、一个前提、四种情形"的立法技术，实际上是一种"概括性规定"和"列举式规定"相结合的立法模式，试图通过"定性"与"定量"双保险的方法来明晰继续盘问的具体适用条件。其中，"不能排除违法犯罪嫌疑"是非常重要的核心概念，本质

上是一种"概括性规定",是继续盘问制度启动的关键要件。立法者认识到"不能排除违法犯罪嫌疑"这种"定性"规定本身存在模糊性和概括性缺陷,因此试图通过"一个前提、四种情形"的列举式定量规定进一步限定继续盘问的启动条件。但从执法层面看,上述"概括性规定"和"列举式规定"相结合的立法模式仍无法解决继续盘问启动条件的模糊性这一难题。

首先,概括性规定的"不能排除违法犯罪嫌疑"本身就是一个不确定的法律概念,其文本表述本身就存在相当的模糊性。从法理学上分析,"可能"指的是一种不确定的状态,行为人可能是犯罪人也可能不是犯罪人,从证据上还不能完全确定,从而导致的最终结果便是一种不确定的"是"或者"不是"。至于究竟何种情形属于"不能排除其违法犯罪嫌疑",有何种认定标准,也有巨大的思量空间,事实上仍是警察自由裁量权的范畴,实践中往往仰赖执法警察的生活阅历和执法经验综合予以判断,本质上依然属于执法警察的主观认识范畴。

其次,列举式规定存在不可能穷尽的缺陷,无法涵盖丰富多元且不断变动的执法实践。上述继续盘问启动条件存在模糊性和不确定性问题投射到执法实践中,必然带来两方面问题:一方面是执法者无法得到明确的信息,另一方面是无法向当事人进行具体的解释,容易带来被盘问人的埋怨和愤懑甚至是造成一定场域内的警民冲突,这也是整个盘查制度的症结所在。

(二) 过度繁琐的程序导致继续盘问制度在实践中被"虚置"

为避免继续盘问的滥用,《继续盘问规定》设计了异常繁琐的程序,也明确了非常严格的内部控制措施。立法者试图通过严格程序来规范继续盘问措施的适用范围以保障公民正当权利。但继续盘问结果存在不确定性,要么确定违法犯罪嫌疑转为其他法律措施,要么排除违法犯罪嫌疑立即解除对当事人人身自由的限制,尤其是在排除违法犯罪嫌疑的情况下,执法警察主观上会认为经过异常复杂的程序后,结果却是"白忙一场",感觉"很不划算"。据笔者访谈了解到,这种异常严格乃至于繁琐的程序设计使得继续盘问成为警察执法实践中尽量避免选择的行为。警察有意选择性执法造成继续盘问制度基本被执法实践所抛弃，几使该项制度在警察执法实务中处于被"虚置"的状态。据笔者了解，单纯的继续盘问在派出所的适用寥寥无几，每年几乎均为个位数，这与实践中盘查制度的大量运用形成巨大的反差。

2003 年"孙志刚事件"发生以后，2004 年《继续盘问规定》旋即出台，严格限制警察权成为社会、媒体、学者和主管部门的共识，警察执法规范化建设如火如荼，滥用警察权的法律风险日益增大。在此种时代背景下，据统计，警察在办理刑事案件时适用继续盘问的情况的调查结果显示，在 133 名刑警队长和派出所所长中，有 105 人明确表示将不选择适用继续盘问，比例高达 78.95%。[1]

我们看到了继续盘问适用在《继续盘问规定》实施后大幅度下降的事实，确实减少了继续盘问制度对公民正当权利侵犯的可能，但也不可忽视这项制度在实践中几乎不被适用的现实，难以发挥制度在预防违法犯罪中的重要作用。如果一项制度制定后，在实践中基于各方面考量而不被适用，被"虚置化"，那么这项制度的价值和功能就难以发挥，制度体系就必须重新进行论证和评估，否则就是制度的"流于形式"，仅具宣示意义。

笔者以为，程序是保证正义的重要制度设计，但过分严苛的"合规性"控制走向极致，必然带来警务活动的"内卷化"和"虚置化"。最常见的表现就是警察通过"选择性执法"实现对复杂法律程序事实上的规避，进而选择更为简单、高效，更不易被监督和控制，更利于执法者自身利益的执法行为。从继续盘问制度在实践中被虚置的原因来看，警察无非是担心继续盘问制度复杂的审批手续所带来的麻烦和不便，还有进行继续盘问可能带来的追责后果与执法收益之间的严重不平衡。

程序并非越多越好，作为日常街头警务的继续盘查制度，程序与效率之间必须建立合理的动态平衡。过度强调程序，就会带来制度被"虚置"

---

[1] 黎慈："继续盘问制度的实施困境与变革"，载《江西警察学院学报》2014 年第 2 期，第 30 页。

的风险；过分关注效率，也会带来权力滥用和侵犯人权的风险。如何恰当平衡二者之间的关系，寻求动态平衡的"黄金分割点"，是当前我国需要深入研究的重要问题。

（三）继续盘问制度的异化

各国对类似继续盘问制度的时长规定各异，但基本上时间较短，比如德国规定最长不超过 12 小时，法国规定一般不得超过 4 小时，最长不超过 24 小时。[1] 我国继续盘问制度最长可以至 48 小时，远超对违反治安管理行为人询问最长 12 小时的规定，这不仅会形成较长时间的限制公民人身自由的结果，更重要的是较长的继续盘问时间成为继续盘问制度异化的重要诱因。

实践中继续盘问制度容易和传唤、拘留、拘传等强制措施的适用相混淆，尤其是在刑事案件办理中，继续盘问往往成为采取刑事强制措施的前置程序，通过长达 48 小时的限制人身自由的继续盘问，代替更为严格和复杂的刑事强制措施，以规避刑事司法中的执法风险。民警认为此时继续盘问的最大价值就是可以在法律上"赢得"最长 48 小时的机动时间，能够在法律形式上实现继续盘问与其他诸如强制传唤、拘传等强制措施的"无缝对接"，以获得更长的办案时间。此时的继续盘问制度被异化，成为一种变通措施或前置措施，事实上构成对公民正当权利的侵犯。继续盘问与其他法律措施的连续或者交叉使用，违背了继续盘问和刑事诉讼法以及其他法律的立法原意。

产生上述问题的原因主要有两个：一是个别警察对于继续盘问本身的错误认识和理解，使之不能正确理解继续盘问与传唤、先行拘留、拘传等强制措施之间的区别和适用前提；二是个别警察在继续盘问时具有相当的自由度和裁量权，通过有意混淆二者之间的区别来达到较长时间限制当事

---

〔1〕 英国规定，在任何情况下留置时间都不得超过搜查必要的时间；德国规定，拘留不得超过查明其身份所必要的时间，而且在任何情况下都不得超过 12 小时；法国司法警察可以要求当事人在扣留时间内不得离开规定的场所，但扣留时间一般不得超过 4 小时，警察行使留置权的时间限制，应具体情况具体分析，对有迹象实施犯罪或即将犯罪的可延长至 24 小时（参见尚念华："留置盘问制度研究"，中国政法大学 2007 年硕士学位论文）。

人人身自由，进而实现为执法办案提供更充裕时间的目的。

四、继续盘问制度的重构和再造

基于上述分析，我国继续盘问制度亟需再造，以扭转当前继续盘问制度几乎不被适用的现实，更好地发挥制度的价值和功能。笔者以为，最为重要的是要从以下几个方面着手。

第一，进一步完善继续盘问的启动标准，明确具有相应证据支持的违法人员排除盘查的范围。纯粹的以"违法犯罪嫌疑"作为警察启动当场盘查的标准其实过于宽泛、模糊且难以捉摸，以此作为前提的继续盘问同样面临这个问题，事实上界定的标准基本上由实施继续盘问的警察决定且不需要履行事前审批程序。"为从源头上防止盘查的滥用，必须对盘查的启动从程序上予以控制，盘查的启动必须符合合理性和公共性两项原则。"[1]对此，可以借鉴英美国家的"相当理由"作为继续盘问启动的标准，同时运用公共性原则对继续盘问进行限制。

依照"相当理由"的判断标准，警察必须依据现场具体情形对有一定证据支持的、具有"合理怀疑"的公民进行当场盘查后，依然无法排除其违法犯罪嫌疑且通过当场盘查愈发具有相当合理怀疑理由的公民才能适用继续盘问。明确将"合理怀疑"作为当场盘查的启动标准，证据力要求更高的"相当理由"作为继续盘问的启动标准。

此外，还应明确将公共性原则作为继续盘问启动的重要标准。继续盘问的本质目的在于预防和打击违法犯罪，以维护社会秩序，保障公共安全，实为一种典型意义上的行使公权力的活动。警察必须基于公共目的才能启动继续盘问措施，不应将继续盘问的"触手"延展至除公共利益之外的其他领域和空间，更不能将继续盘问作为"教训""骚扰""报复"执法对象的一种手段。

第二，限制继续盘问的适用时间，科学设计其运行程序。上文述及，

---

〔1〕　万毅："论盘查"，载《法学研究》2006年第2期，第131页。

我国继续盘问最长可达48小时，这种较长时间暂时性限制公民人身自由的行政强制措施与其自身功能定位并不匹配，也远超对违反治安管理行为人的询问查证时间。因此，通过限制继续盘问时限，一方面能够避免实务中单纯为了追求"能够较长时间合法限制人身自由"而有意混淆继续盘问与其他强制措施适用的可能，另一方面也能够提高继续盘问的效率，避免对公民人身自由长时间限制中因看管不严导致意外事件发生的可能，督促警察更高效地采取调查取证等核实措施，以更好地保障人权。

此外，在限制继续盘问时长的同时，可以对现行继续盘问程序进行再造和重构，以解决实践中因程序繁琐带来的继续盘问被"虚置"的情形。

笔者以为，2018年修订的《公安机关办理行政案件程序规定》引入了治安案件"快速办理"程序，本质上是对现行程序繁琐带来效率低下和警察执法"内卷化"问题的反思，也提供了包括继续盘问程序在内的一系列警察执法程序相对精简的思路。当前，随着信息科技的发展，在执法记录仪的配备和公安机关办案场所视频全覆盖几乎成为一种"标配"的情况下，完全可以借鉴公安行政案件"快办程序"对继续盘问的程序、审核审批等环节进行科学设计，以减少程序冗余带来的效率低下和警察个体"选择性规避执法"的负效应，更好地发挥继续盘问制度在维护秩序、保障安全中的价值和功能。

第三，厘清继续盘问与传唤、先行拘留、拘传等强制措施之间的界限，避免实践中以继续盘问代替其他强制措施情形的发生。

实践中继续盘问一方面容易被"虚置"，另一方面也容易被"异化"。公共选择理论认为，执法者都是"理性经济人"，他们在执法过程中不断寻求执法利益的最大化，努力避免对自身不利的因素和方式。因此，与诸如询问等并不复杂的调查取证措施相比较，继续盘问的程序性规定和审核审批要复杂得多，如果行为人尚不满足"询问"的条件，但符合继续盘问规定时，执法者宁愿不选择要求更高的继续盘问措施；但当继续盘问措施与先行拘留、拘传等强制措施相比较时，其具有的限制人身自由时间较长的"优势"足以抵消继续盘问在审核审批等程序上繁琐的"劣势"，执法者宁愿选择继续盘问措施来代替先行拘留、传唤、拘传等法律要求更高的强制措施。

笔者在对某派出所难得一见的继续盘问案例的深度访谈中就发现，该案中警察之所以采取继续盘问措施，正是看重了继续盘问最长可以限制当事人 48 小时的"制度优势"，在执法办案中有意创设了符合继续盘问的法律条件，实现继续盘问与"询问查证"等其他法律措施的"无缝对接"，以在法律制度上争取更充裕的办案时间。此种结果显然超出了立法者的预设，为避免这种人为的选择性制度适用，法律上必须进一步明确继续盘问和先行拘留、拘传等措施的适用条件，进一步明确制度间的法律界限，通过明确的法律规定厘清继续盘问与其他措施之间的界限，以避免实践中继续盘问措施经常被"借用"带来的异化问题。

第四节　路检

"路检"在我国并不是一个法律术语，现行法律中并没有关于"路检"的明确规定，但路检在我国警务实践中广泛存在，尤其是在交通警察执法领域被大量应用，成为事实上重要的警察盘查类型之一。因路检往往针对车辆及驾驶人实施，其与一般盘查措施明显不同，故有必要在理论上予以讨论和廓清。

一、路检的意涵及类型

我国并无关于"路检"的明确法律定义，理论上散见的不多研究，对路检的含义规定及其法律理解并不统一，导致实践中路检措施的应用条件也不明确。

根据"中国知网"检索，笔者只发现两篇以"路检"为主题的理论研究。邓子滨认为，"所谓路检盘查，是指警方在道路上对车和人的拦截检查，或在机场、车站和码头等处对人的身份进行查验，并对身份、形迹可疑者进行盘问，附带搜查人身、汽车，检查甚至扣押随身或车载物品，对有重大嫌疑者实施留置"。[1]陈丽芳认为，路检是指警察在日常治安管理过程中或追击违法犯罪人员时在道路、车站、机场等公共场所对车和人的拦截检查或扣押，并对身份、形迹可疑者进行盘问乃至留置的执法方式。[2]

从语义学上分析，《辞海》对"路检"的定义为"警察在道路上实行的临检措施"，但并未明确何谓"路检"，只是进一步用"临检"予以指代。[3]笔者以为，上述对"路检"的定义均不够准确。上述关于"路检"的定义实际上混淆了"路检"与"盘查"的概念，认为"路检"就是"盘查"的别称，既包括对人的盘查，也包括身份查验、当场盘问、搜查以及对汽车和其他物品的检查，甚至认为"路检"还包括继续盘问（作者以留置指代，笔者注）。显然，在我国法律已经明确规定身份查验、当场盘查、继续盘问等盘查措施的情况下，依然用"路检"指代"盘查"并不科学，也不准确，即使从语义学角度来看，将在车站等室内公共场所对公民的身份查验称之为"路检"，显然也与常识认知不符。上述对路检的定义有可能来源于我国台湾地区"临检"约略等同于"盘查"的定义思路。笔者以为，我国台湾地区"临检"的概念基本能够涵盖"盘查"的概念，但"路检"的概念显然不具有这种功能。

从执法实践来看，"路检"一般适用于查处酒驾以及对机动车及其驾驶人进行检查的范围，因此，基于我国已经对盘查形成了部分约定俗成的类型化规定（虽然这种类型化并不全面，也不彻底），依然使用"路检"指称"盘查"并不恰当。需要注意的是，2016 年 12 月 1 日公安部公布的《人民警察法（修订草案稿）》第 23 条规定了"交通工具拦停检查"相关措施。该条规定，警察对于危害公共安全、人身安全，或者认为与违法犯罪有关的交通工具，有权予以拦停检查；对于有吸食毒品或者饮酒嫌疑

---

[1] 邓子滨："路检盘查的实施依据与程序监督"，载《法学研究》2017 年第 6 期，第 180 页。

[2] 陈丽芳："路检盘查程序的法治化之维"，载《佳木斯职业学院学报》2019 年第 5 期，第 202 页。

[3] 《辞海》将"临检"定义为"警方为预防对社会治安、风俗、卫生等方面有不良的情事发生，所执行的检查勤务活动。举凡特种营业、摊贩、游艺场、旅馆业等，皆是临检的对象"，此概念显然是警察化之前的古老概念。

的驾驶人员，可以进行毒品检测或者酒精浓度测试。笔者以为，此处的"交通工具拦停检查"即指实践中的"路检"。

从我国路检盘查的实施目的来说，对人的路检盘查主要针对：（1）有违法犯罪嫌疑；（2）搜检武器、管制刀具、易燃易爆等危险品；（3）搜剿毒品、违禁品；（4）通过查验身份证件拦截非法入境、缉拿逃犯或者完成清查行动。对车的路检盘查则主要针对：（1）追缉要犯；（2）查处酒驾；（3）搜剿毒品、违禁品；（4）在城市清查外埠牌照车辆；（5）查处超速、客车超员、货车超载等，[1]是一种要求较高的特殊盘查类型。

基于上述认识，笔者以为，路检（Traffic Stop）是指警察在公共场所或指定的处所、路段实施的以行政执法或刑事侦查为目的的临场检查行为，主要是针对机动车及其驾驶人进行盘查的一种具体类型和措施，包括对机动车乘员室、载货厢及后备厢的检查以及对机动车驾驶人、乘车人的盘查，某些公安机关也称之为"临检"。但需要注意的是，此处"临检"的含义显然不同于我国台湾地区的"临检"概念。

二、路检的步骤及启动条件

多数国家均赋予警察路检权，如德国警察有权在临时的检查站内对经过的车辆行人进行盘查，英国2000年《反恐怖法》规定，穿制服的警察有权在指定的区域或场所拦停所有车辆。美国联邦最高法院通过判例表明，警察在固定检查站进行路检，无须任何合理怀疑。日本立法上没有授权警察进行强制路检，但因为日本最高法院认为该行为没有对驾驶人的自由造成不当限制，因此属于任意调查，无须法律授权即可实施，所以实务上仍有运用。

各国一般规定，路检主要包括拦阻汽车、强制驾驶人离车、检查汽车、检查驾驶人证件、酒精测试等步骤和行为。

因在道路上截停车辆的危险性和车辆作为财产的特殊性，包含着宪法

---

〔1〕 邓子滨："路检盘查的实施依据与程序监督"，载《法学研究》2017年第6期，第180页。

上隐私权的属性，因此，各国对警察路检权的限制比对街头的核查身份权的限制更为严厉，[1] 具体表现为：在程序上尽量限制警察的自由裁量权；限制路检的目的，规定路检只能用于交通行政执法以及重罪的侦查缉捕；对路检的具体手段进行限制等。有些国家和地区的法律还规定，执法人员在拦阻汽车后只能询问驾驶人、检查证件、目视检查，没有合理怀疑不得搜查汽车的后备厢等。

在我国，路检缺乏明确的法律法规，实践中路检的启动和检查过程具有较大的随意性、任意性和不统一性，往往在展开集中行动时，便可决定对一定区域进行逐一的路检，这种以实践的有效性取代法律上的正当性，并不是理性的选择。虽然 2016 年《人民警察法（修订草案稿）》明确规定了"交通工具拦停检查"措施，但对该措施的启动标准、操作流程以及检查范围尤其是能否检查车辆后备厢都没有明确的规定，《人民警察法（修订草案稿）》通过后，尚需要法规、规章等对该措施进一步精准规定。

三、设卡盘查

设卡盘查既是一种定点勤务方式，也是一种特殊的路检措施，其危险性远高于其他日常勤务和盘查措施。设卡盘查对于加强防控和打击各类街面违法犯罪活动、有效维护社会治安秩序发挥着重要作用，但目前我国法律对此也缺乏明确规定。

（一）设卡盘查的基本含义

目前我国对设卡盘查的研究，往往从技战术角度展开，理论上对设卡盘查的内涵、特征及相关程序的研究，基本处于空白状态。笔者以为，设卡盘查一般是指公安机关采用设置卡点、卡口等方式执行治安检查、围控堵截以及酒驾、毒驾、涉牌涉证等违法犯罪行为的查控，在发生重大刑事案件或重大活动安保中，公安机关一般都会设卡对过往车辆及驾驶人和乘

---

〔1〕 其中法国的限制最为严格，法国立法曾授权警察自行对公共交通道路上的一切车辆进行检查，但是 1977 年宪法委员会以警察权力过大为由废除了该法。（［法］米海依尔·戴尔玛斯-马蒂：《刑事政策的主要体系》，卢建平译，法律出版社 2000 年版，第 67 页。）

员进行"拉网式"的逐一盘查。

（二）设卡盘查的步骤和对象

设卡盘查一般是指盘查车辆及车辆驾驶人，也包括盘查骑摩托车、电动自行车等机动车或非机动车等。实践中可以分为"截停——要求驾驶人熄火——对汽车驾驶人和乘员的盘查——对车辆的检查"等步骤。一般来讲，对行进中的车辆进行设卡盘查时，在卡点前方应放置停车标志，或者由拦截引导人员手持停车标志牌，在被检查车辆前方，向其作出明确的停车示意，安全引导待查车辆进入检查区，停在距离执勤警车后方安全距离。设卡盘查一般可以分为对人的盘查和对车辆的检查。

第一，对汽车驾驶人和乘员的盘查。一般主要包括以下内容：注意除驾驶人外还有无同车人员；查验证件防伪暗记和标识，判定证件的真伪；查验证件内容，进行人、证对照，必要时可以使用二代居民身份证阅读器或者通过查询指挥中心核实；注意被盘查对象的反应，视具体情况让持证人自述证件内容，边问边查；有同车人员的，还需分别问明身份情况、相互关系、来去路径等具体情况；注意有无作案工具和赃物。发现有违法犯罪嫌疑的，执勤人员应当注意警戒，责令驾驶人、同车人员下车，分别接受盘问和检查。

如果被盘查对象携带有箱包需要检查，可以要求其将物品放在适当位置，原则上不得让其自行翻拿，一般由一名警察负责检查物品，其他人员负责监控被盘查对象；开启箱包时应当先仔细观察，注意避免接触有毒、爆炸、腐蚀、放射等危险物品，对有声、有味的物品，应首先询问盘查对象，谨慎拿取；发现毒害性、爆炸性、腐蚀性、放射性或者传染病病原体等危险物质时，应当立即组织疏散现场人员，设置隔离带，封锁现场，及时报告，由专业人员进行排除；对于需没收或者扣押的各类违禁物品，应当会同在场见证人和被扣押物品持有人查点清楚，当场开列清单，及时上交有关部门。检查过程中应避免损坏或者遗失财物。

第二，对车辆的检查。一般主要包括以下内容：查验驾驶证、车辆行驶证件和牌照，核查证件信息与所驾驶车辆的号牌、车架等信息是否相符，并可以通过查询指挥中心与被盗抢车辆信息系统中的信息进行查询比对；观察车辆外观和门锁有无可疑之处；检查车辆后备厢等。

实践中，对车辆的检查一般要仔细检查乘车人员座位附近、后备厢、车载物等处，注意发现有无藏匿毒品等违禁品，赃物、作案工具等可疑物品，刀、枪等凶器。所有检查工作都应当由执勤人员进行，不得让对方自行翻拿；检查车辆点火装置有无可疑之处；核对发动机号，检查有无锉改等可疑情况；经盘查确认是逃犯、通缉犯等对象的，警察应当立即使用约束性警械将其控制；当场盘问、检查后，不能排除违法犯罪嫌疑，且符合继续盘问的，警察可以将盘查对象带至公安机关继续盘问。

对车辆的设卡盘查具有高度危险性，对冲卡、逃逸的，在确保安全的情况下，执勤警察可以采取堵截追击等有效方法进行拦截，同时通报前方卡点拦截，并报告指挥中心请求部署阻截、追缉。同时，应对冲卡行为做好取证工作，对于现场一时无法拦截的，应随即开展调查工作，及时查清涉嫌车辆与人员的情况。对冲卡行为人可以涉嫌阻碍执行职务的理由依法传唤和调查。

第五节　公安检查站查控〔1〕

公安检查站查控是一种特殊的盘查类型。近年来，随着重大活动日益常态化，公安检查站查控已经广泛运用于警务实践中，在重大活动举办前及举办期间，公安机关往往会根据安保需要，在不同地点设置不同等级的公安检查站，负责对过往车辆和行人进行盘查。公安检查站查控具有不同于一般盘查的特性，日益成为一种独具特色的警察执法措施和勤务方式，对维护社会稳定、保障重大活动安全举办，发挥了重要作用。

---

〔1〕　本节内容由浙江警察学院治安系胡人斌副教授撰写，笔者在与其讨论中感知该部分内容自成体系，实难超越现有研究成果，遂稍加调整后纳入本章中，对此表示衷心感谢（参见胡人斌、郭建华："公安检查站查控基本理论建构"，载《山东警察学院学报》2018年第6期，第122-129页）。

一、公安检查站查控的基本含义及特征

公安检查站查控在应对当前所面临的社会面防控压力和重大活动安全挑战等方面发挥了至关重要的作用，但实践层面的蓬勃发展与理论研究的滞后形成了鲜明的对比。国内有关公安检查站查控的一些基本理论问题并没有进行系统、清晰的总结阐述，广泛存在的公安检查站查控似乎处于理论上的自觉阶段，有必要从理论上厘清其基本含义和基本特征。

（一）公安检查站查控的基本含义

公安检查站查控属于盘查的一种类型，是指警务人员依托特别设置的检查站，并运用警务技术及执法技能在车流和人流中识别出可能危害治安秩序或重大活动安全举行的车辆或行人，责令其驶入或进入检查站接受安全检查，以证实或排除违法犯罪嫌疑的公共安全管控活动。所谓"查"就是对过往车辆和行人实施的检查、盘问活动，是对作为受检对象的人、车、物进行基本信息和安全信息两方面的查验，确保信息的真实、准确，以保证对一地治安秩序的维护或重大活动举办的安全性。所谓"控"是指对查获的违法犯罪嫌疑分子及发生在检查站范围内的案（事）件进行先期处置。

（二）公安检查站查控的特征

一般来讲，公安检查站查控具有以下特征。

第一，法定性。从形式上看，公安检查站查控是警务人员基于维护社会公共安全的需要，截停并检查可疑车辆、行人以排除安全隐患的活动，其本质上是一种执法行为。它是根据现行法律的授权，由具备执法资格的警务人员依据法定职权对法定范围内的特定对象进行安全确认的过程。虽然当前还没有一部统一规范公安检查站查控行为的法律，但《人民警察法》《居民身份证法》和《公安机关人民警察盘查规范》等法律法规和规章，保证了公安检查站查控对"法无授权即禁止"法律原则的遵守，从本质上看，公安检查站查控是一种警察盘查的具体类型，具有法定性。

第二，临时性。对受检对象而言，公安检查站的查控行为对其权利造成了实质上的克减，但这种权利限制是暂时的。经过警务人员检查排除危

险嫌疑之后，受检车辆或行人因检查站查控而受到限制的权利又恢复到初始状态；即便是受检对象被证实有安全问题，检查站警务人员也可能会因执法权限、条件及内部分工的制约不对其作出最终处分，而是移交给有管辖权的公安机关进行后续处置，公安检查站查控同其他警察行政强制措施一样，对行政相对人的权利限制也是临时的。[1] 从这个意义上说，公安检查站查控具有临时性。

第三，非常态性。就目前的警务实际而言，除去一些省际、市际或治安复杂场所的公安检查站，大多数公安检查站是作为重大活动安保的"护城河"发挥治安效能的。但一个无法否认的事实是，重大活动安保期间的公安检查站查控工作是依靠大量警力实现的，在警察总体数量既定的前提下，以大兵团运转检查站在平常时期具有不可持续性。重大活动过后许多公安检查站的警力被大幅削减甚至进入闭站状态，使公安检查站查控活动呈现出非常态性的特点。因此，探索公安检查站在非重大活动安保期间的运行机制是当前公安机关面临的一个重要课题。

第四，高危险性。从根本上讲，公安检查站查控是警察在处于移动状态的车辆和行人中识别违法犯罪嫌疑人员并加以前期处置的执法行为。从事公安检查站执勤的警务人员直接与危害社会治安秩序的违法犯罪分子进行面对面的接触，其工作的危险性可想而知。因此，梳理公安检查站查控实务中的各种常见危险，并有针对性地做好安全防护工作，具有非常重要的现实意义。

二、公安检查站查控的基本程序

公安检查站查控是警务人员为了维护公共安全对特定行为人的车辆、物品及人身进行查看、搜检的执法行为。行政权追求公共利益拥有凌驾于私益之上的特权，但必须是以最小侵犯的方式进行。[2] 公安检查站查控虽然具有行为上的合法性和正当性，且持续时间也较短，但其对受检对象

---

〔1〕 陈晓济：《警察行政强制法律制度研究》，中国政法大学出版社 2011 年版，第 135 页。

〔2〕 陈新民：《德国公法学理论基础》，山东人民出版社 2001 年版，第 370 页。

的个人权益造成一定侵犯也是不争的事实。因此，警务人员在公安检查站内执行相关查控活动时，应以给受检对象带来最小侵犯的方式进行。强调公安检查站查控的程序，明确警务人员在查控中的程序义务，赋予相对人相应的程序权利，既是规范警察行政执法的需要，也是公安检查站查控比例原则的要求。

（一）筛选

除去因重大活动举办而实行的高等级勤务模式期间的"逢车必检"，公安检查站一般实行的是对过往车辆和行人的"抽检"勤务，即在处于流动状态的车辆和行人中筛选出受检对象进行检查。这既是公安检查站查控与其他警务活动相异之处，也是公安检查站查控的程序之始。

筛选就是公安检查站警务人员在川流不息的车流和来来往往的人群中识别出有违法犯罪嫌疑的对象，并责令其到检查站接受检查的环节。由于筛选只是对那些被警务人员认为需要检查的车辆或行人到公安检查站接受盘问和检查，对相对人权益的限制程度较低，因而筛选的标准要求不高，只要检查站执勤警务人员基于自身的执法经验及当时的情形，主观认为某一车辆或行人存在可疑之处，便可将这一车辆或行人作为检查站查控的对象。近年来，随着信息技术的发展，公安检查站越来越多地运用智能卡口和人像识别系统等先进警务技术识别受检对象，这一方法以大数据和云计算取代警务人员的经验判断，具有筛选效率高、筛选针对性强及筛选覆盖面广的优点，同时也节约了警力，提高了公安检查站查控行为的安全性。此类方法将是未来公安检查站查控中筛选的发展方向。

（二）截停

在公安检查站查控实践中，警务人员在筛选出受检对象之后通常是引导车辆或责令行人到检查站内接受检查。这一环节属于警察法上的截停，即警察为了维护国家安全和社会治安秩序，在具备合理怀疑的情形下，截住处于行动状态的车辆或行人，并将要对其进行安全检查的执法行为。[1]

---

〔1〕 顾敏康：《逮捕、搜查与扣押的宪法问题：美国的经验教训》，法律出版社 2009 年版，第 43 页。

从公众权益受公安检查站查控影响的程度来考察，筛选只是公安检查站执勤警务人员对特定车辆或行人法律状态的一种主观判断，并没有在实质上限制相对人的权益；而截停则打断了被截停者的正常行走或车辆的正常行驶，意味着对特定对象人身自由的现实限制，而不论这种限制是临时的还是持久的。

一般情况下，截停是警务人员针对自然人实施的，即在任何时间以及任何街道、公共场所、交通工具上，对任何可疑之人以及图谋犯罪、即将犯罪或被疑实施犯罪者，均可将其截停。[1]而在公安检查站查控活动中，截停的对象主要是在交通要道上正常行驶的车辆，行人则是在步行或骑行通过公安检查站时才会成为截停的对象。因此，公安检查站查控实践中的截停自有其特点，其基本方式是：警察使用停车示意牌、交通手势向被筛选出来需要安全检查的车辆发出指令，引导其进入检查区。

实务中，公安检查站警务人员在截停来车时，通常要在检查区前方设置安检提示牌等标志，提醒驾驶人和乘员做好安检准备。同时，要安排执勤力量，引导车辆有序驶入相应安检通道或区域，需进行车体检查或进一步处理的车辆、人员，应带至专设或指定的场所，避免造成交通拥堵或其他不良影响。而在重大活动筹备和举办时期，警务人员会结合车辆通行证和安检凭证等管理措施，在公安检查站的前导区设置"持证车辆"和"无证车辆"引导牌，按照"有证核证、无证安检"的要求，引导提醒驾驶人和乘员按要求进入检查区域，做好受检准备。

（三）表明身份及陈述理由

虽然公共安全利益的优先考虑赋予公安检查站查控的正当性，但也不得不承认这一执法行为存在较大的随意性以及对受检对象的认定有较大的自由裁量范围，即只要警务人员有充足的理由相信某一特定对象在从事、已经从事或者即将从事违法犯罪活动，其就可以截停、检查及盘问该车辆或行为人。在检查站查控的过程中，警察与受检对象之间的权利义务关系

---

[1] 陈晓济、王金鑫、胡人斌编：《公安行政强制》，中国人民公安大学出版社2013年版，第247页。

属于行政法律关系，是管理和被管理的关系。对警务人员启动查控的宽松要求是出于公共安全利益的考虑，相应地，警务人员在公安检查站查控中应承担法律宽泛授权所产生的程序义务。

根据公安检查站查控对公民权利的临时限制及行为本身所追求的公共安全利益，警务人员在该执法行为中的程序义务主要集中在表明执法身份及陈述理由方面，而听取当事人的陈述和申辩等执法对象的抗辩程序权利，则因公安检查站查控并非是对行为人权益终局制裁的处罚行为，所以不是公安检查站查控警务人员的强制程序义务。

事实上，表明执法身份及陈述理由对于公安检查站执勤警务人员查控特定车辆或行人具有重要的程序价值。第一时间向受检对象表明执法身份将会产生如下效果：一是公安检查站警务人员在表明执法身份之后将自动获得国家法律赋予执法者的特别保护，站在受检对象面前的不仅仅是一个个具象的执法者，更是国家法律的化身。如果受检对象拒不接受检查或有其他妨碍执行公务的行为，公安机关就可以依法追究其妨碍公务的法律责任。二是警务人员在向受检对象表明执法身份后，受检对象就负有协助公安机关执行公务的义务，以及对警务人员因执法对其人身和财产权利造成一定侵犯的容忍义务。此外，向受检对象陈述检查站查控的理由，既是完善公安检查站查控合法性的需要，又是与表明执法身份程序一起成为获得受检对象对公安检查站查控行为理解和支持的重要途径。

一般而言，公安检查站警务人员身着警察制服就基本足以达到表明执法身份的目的。当然，为了向受检对象表示尊重，同时体现警务人员的执法素养，警务人员在开始检查之前向被检查人"敬礼"，并陈述自身是"某某公安局的民警，现依法对你（车）进行检查"，则是较为完整地履行了公安检查站查控时表明执法身份的程序义务。而对于出示警察工作证件，在没有法律明确要求的情况下，则并不是公安检查站执法警察必要的表明执法身份的程序义务。但若是受检对象要求出示，公安检查站的警察可以向其出示。而在陈述执法理由方面，在非重大活动筹备和举办期间，则要强调是依法进行查控；而在重大活动安保期间，则除向受检对象陈述查控行为的合法性之外，还要向其说明强制查控行为的重大公共利益之所在。

（四）检查及盘问

检查及盘问是公安检查站查控功能发挥的重要环节，是公安检查站查控的核心，也是警务人员对过往车辆或行人的权益进行实质干预的步骤。各地公安机关经过长期的实践，尤其是浙江公安机关在 G20 杭州峰会安保期间的有益探索，形成了一系列行之有效的检查及盘问流程，值得总结并推广。例如在车辆检查方面，在车辆被引导到公安检查站之后，车上的司乘人员将被带至安检大厅核对相关信息及进行财物的检查。警务人员携带相应装备器材由外至内、从低到高对车辆的各个部位进行安全检查。

在人员和物品检查方面，则是主要运用公安检查站配置的人车核录系统对随车人员进行核查。系统显示"通过"的直接放行，显示"存疑、拦截、抓捕"的按查控处置流程作进一步处理。

（五）检查结果处置

此处的检查结果处置是指公安检查站警务人员对过往车辆和人员进行检查后发现有违法犯罪嫌疑人员或是违禁物品之后的处理程序，并不包括放行经检查后没有可疑之处的车辆和人员。就检查站查控的实践来看，检查结果处置主要包括以下内容：

（1）盘问及继续盘问。对于人车核录系统显示"存疑"、随身携带有违禁物品以及拒不出示身份证件的人员，公安检查站执勤警察可以对其进行盘问。经盘问后，排除违法犯罪嫌疑的，予以放行；所带物品属于违禁品的，则开具扣押决定书和扣押物品清单，予以扣押；若仍不能排除违法犯罪嫌疑，且满足继续盘问条件的，可予以继续盘问。应当指出，若受检对象需要被继续盘问，绝大多数情况下是移交给公安检查站属地的公安派出所处理，只有在检查站本身就具备继续盘问受检对象的羁押条件且有相应警力处置时才会在检查站内继续盘问受检对象。

（2）查获移交。在公安检查站查控中，对于发现的涉恐人员、重点人员、有违法事实或涉嫌违法犯罪的嫌疑人、被通缉或协查通报的犯罪嫌人、非法宗教组织成员等受检对象，由首先发现的警务人员会同检查站其他警力予以先期处置。在将其予以控制后，应当连同经复查后不能排除嫌疑的人员、身份信息无法查实的人员一并及时移交。此外，查控中扣押的涉案物品、被盗车辆、危险化学品、易燃易爆物品及其他违禁品也应一并移交。移交一般是在公安检查站内进行，检查站执勤警务人员要填写移交登记表，做好人员、物品的交接工作。移交时要依法控制违法犯罪嫌疑人员，防止其发生自残、自杀、袭警、伤人或逃脱等行为。有多人要移交的，应分别进行，避免因集体移交而使公安检查站发生警力空档，影响正常的查控工作。

因重大活动安保而得到大力发展的公安检查站查控是先于理论的警务实践行为，本质上是盘查制度发展过程中的一种具体措施，随着警务机制的完善和警务技术的进步，公安机关应在盘查制度整体框架下，不断探索和完善公安检查站的常态运行机制。公安实务界和理论界应当认真对待广泛存在的检查站查控活动，对该警务实践的相关理论问题进行深入研究。从另外的角度来看，警察学者的研究也必须关注警务实践，唯如此，才能在我国现代警务机制构建中发挥更大的作用。

第六章

警察盘查的基本原则和启动条件

　　日本著名法学家棚濑孝雄说，如果行政权力的膨胀是现代社会不可避免的宿命，那么为了取得社会的平衡，一方面必须让政治充分反映民众的意愿，另一方面在法的体系中应该最大限度地尊重个人的主体性，使他们能够与过分膨胀的行政权力相抗衡。盘查启动标准难以量化的内在特点决定了对盘查权行使过程进行控制以更好保障公民正当权利、更好地"尊重个人的主体性"的极端重要性，这个过程控制主要就是法律的正当程序。因此，对盘查权程序的研究和规范就显得非常必要。

　　在法治国家，正当程序是制约行政权力、弘扬法治精神、保障公民正当权利、体现公平正义的重要制度设计。但因盘查措施对当事人权利影响较小，无论是实践中还是理论上，对此都未引起足够的重视。正如有警察提到，早期群众好像对待盘查不是特别"较真儿"，看你是警察，查了也就查了，也不会有事没事问你为什么查，但现在公民越来越注重维护自己的权益，警察查人越来越麻烦，程序要求也越来越高，这是一种法治的进步。从属性上看，警察盘查一般属于行政强制措施的范畴，并且很多盘查措施属于警察即时强制措施，整体上理应遵循行政强制法尤其是即时强制措施的相关程序规定，但由于警察盘查存在不同类型，又具有专业性和特殊性，难以建立统一的法律程序，仍有必要对盘查措施的行使程序进行有针对性的研究。

第一节 警察盘查的基本原则

法的原则，即法律的基础性真理或原理，在法律体系或法律部门中居于基础性地位，"是整个法律活动的指导思想和出发点，构成法律体系或法律部门的神经中枢"。[1]对警察盘查制度来说，基于其本身存在法律上难以进行明确和量化的特性，基本原则的作用和价值就显得尤为重要。警察盘查权行使的基本原则如果能够贯彻到位，能够弥补盘查措施存在的启动标准不明确、对象歧视等立法上难以解决的问题的不足，对提高执法实务中盘查措施规范运行具有独特价值。从对警察盘查法律文本和执法实务的分析中能够发现，基本原则能够为盘查启动标准提供宏观上的指引，有助于提高盘查合法性和正当性，有效避免警察盘查实践运行中存在的各种问题。

根据警察盘查法律制度的特性，笔者以为，警察盘查除应遵循行政法治的一般原则外，尤其要注重法定原则、平等原则、比例原则、不当联结禁止原则等原则作用和价值的发挥。

一、法定原则

"合法性使人们赞成该制度所做的事""合法性会通过赞成导致服从"，[2]依法行政是行政法学的基本原理，法定原则是与民法的诚信原则或刑法的罪刑法定原则相对应的行政法治的最高原则。警察盘查主要属于警察行政职权，其法定原则来源于行政法定原则，是行政法基本原则在警察盘查中的具体体现。法定原则最基本的内涵是"法无明文规定不得任意行政"，具体又可以分为主体法定、职权法定、程序法定和法律优位、法律保留等诸多具体原则。

---

〔1〕 沈宗灵主编：《法理学》，高等教育出版社 1994 年版，第 40 页。
〔2〕 ［美］劳伦斯·M. 弗里德曼：《法律制度——从社会科学角度观察》，李琼英、林欣译，中国政法大学出版社 1994 年版，第 134 页、第 139 页。

法定原则在警察盘查实践中的价值非常具有现实意义。"任何国家和政府，只要承认国民有在街上不受干扰的行走自由，承认警察不能随意拦检，就应该在启动和实施路检盘查时于法有据并且谨慎收敛。"[1]警察盘查的类型多样，手段多元，但不管其名称和方式如何，只要关涉公民正当权利的限制和剥夺，即使是暂时性的限制，也应于法有据，否则就有可能背离法定原则的意涵。

实践中，为因应复杂且动态的街面执法环境，盘查措施的适用异常频繁与灵活，但盘查措施启动标准难以量化的内在特性与法律法规较为分散的立法现状使得警察盘查措施的运行极易违反法定原则的要求，要么因法律依据不足违反"法无明文规定不得任意行政"的基本要求，要么出现执法主体为规避法律规定而故意"异化"盘查措施的结果。盘查行为虽然整体上对公民权利的限制较为轻微，但诸如路检措施中对当事人车辆的检查，则涉及当事人人身权、财产权和隐私权等多重宪法权利，更应遵循法定原则的要求，尤其是当前盘查实践的类型化发展已经超出了法律文本的明确规定，亟需在立法上进行规范，以满足基本的法定原则和依法行政的要求。基于法定原则的理论研究非常深入且全面，本书不再对此问题展开论述。

二、平等原则

平等原则是非常重要的法律基本原则，警察盘查自然也应符合该原则的要求，但从现实中对盘查对象的歧视性上来看，平等原则对盘查制度的指引则具有更加独特的意义，仍需要进一步强调和贯彻，理应成为盘查中警察执法伦理非常重要的基本原则。

所谓平等原则，最浅显的意思就是"相同的事物应为相同处理，不同事物应为不同处理"，平等原则本身来自于宪法规定，是具有宪法位阶的行政法一般法律原则。一般是指行政机关的职权行使，在实体与程序上，

---

〔1〕 邓子滨："路检盘查的实施依据与程序监督"，载《法学研究》2017年第6期，第181页。

均应平等处理，非有正当理由，不得有差别处遇。平等原则所欲禁止的正是恣意的差别待遇，所欲达成的正是建立一套合理差别待遇的判断基准。

盘查实践中我们经常能听到类似"那么多人为什么查我？""那么多人为何拿我开刀？"的质问，警察面临"选择性执法"的质疑。虽然法律上"有违法犯罪嫌疑"的判断标准本身难以量化，基本上属于警察自由裁量权的范畴，但警察在盘查目标的规划执行上，总体上需遵循平等原则，即对盘查目标的选定，应基于平等原则的理念，除非有相当合理的理由，否则不可刻意有选择性地针对特定盘查目标，也不可因当事人对待警察态度上的差异而刻意针对其进行长时间的骚扰式盘查，这些均与平等原则的理念相悖。

笔者以为，盘查中平等原则的贯彻，与其说是一种技术性原则的落实，毋宁说是一种简单而朴素的执法伦理的体现。盘查警察只需在盘查对象的遴选和盘查措施的选择上，遵循"不歧视、不故意、不骚扰"的基本执法伦理，就能够将平等原则落实到具体执法实践中。因此，盘查中的平等原则，绝非是非常高深的、写在字面上、实践中难以体现的原则，更多的是一种简单朴素的执法道德在个案中的展现。

三、比例原则

比例原则也称禁止过分原则，滥觞于19世纪的警察法学，后来经由行政法原则上升为宪法原则。其最初的含义，是指警察权力的行使只有在必要时才能限制人民的权利，也即警察在对人民作出任何不利之处分时，都必须以侵犯人民权利最小的方式为之。后来发展成为行政法中非常重要的一项基本原则，行政法许多领域包括给付行政、行政保留、授权、行政罚款的界限，无一不与此原则有密切关系。

德国行政法鼻祖奥托·迈耶（Otto Mayer）在其《德国行政法》一书中揭示了行政权运行的一条重要原理，即"行政权追求公益应有凌越私益的优越性，但行政权力对人民的侵权必须符合目的性，并采行最小侵害之方法"。〔1〕此即最早关于"比例原则"的基本表述。比例原则在行政法学领域具有独特的地位,我国台湾地区著名行政法学者陈新民教授认为:"比例原则是拘束行政权力违法最有效的原则,其在行政法学中所扮演的角色,可比拟'诚信原则'在民法居于帝王条款之地位,所以,吾人称比例原则是行政法中之'帝王条款''皇冠原则'当不为过。"〔2〕对不符合比例原则的情况,各国也有不少形象生动的表述,如"用大炮打小鸟"(德国)、"用铁槌打苍蝇"(法国)、"杀鸡用牛刀"(中国)等。

我国著名学者姜明安教授在《行政法基本原则新探》一文中指出:"比例原则的基本含义是行政机关实施行政行为应兼顾行政目标的实现和保护相对人的权益,如为实现行政目标可能对相对人权益造成某种不利影响时,应使这种不利影响限制在尽可能小的范围和限度,保持二者处于适度的比例。"〔3〕比例原则在我国诸多行政法律中都得到明确体现,已经成为行政法的重要基本原则,比如在《人民警察法》第9条,《中华人民共和国人民警察使用警械和武器条例》第2条、第3条以及《中华人民共和国行政强制法》中都有具体规定和体现。

从法理上分析,比例原则是一个广义的概念,它包括适当性原则、必要性原则和均衡性原则这三项子原则,共同构成了完整意义上的比例原则。

(一) 适当性原则

适当性原则又称妥当性原则,是指行政机关实施的行政行为或采取的行政手段能够实现行政目的或目标,或者有助于行政目的或目标的实现,否则,即违反适当性原则。该原则以目的正当为前提,目的正当即公权力行为应以实现公益为追求。在目的正当的前提下,手段能够实现目的是该原则的核心。

---

〔1〕 转引自黄学贤:"行政法中的比例原则简论",载《苏州大学学报(哲学社会科学版)》2001年第1期,第42页。

〔2〕 陈新民:《行政法学总论》,三民书局1998年版,第61页。

〔3〕 姜明安:"行政法基本原则新探",载《湖南社会科学》2005年第2期,第52页。

适当性原则从"目的取向"上限制了公权力手段的实施，将不能达到行政目的的手段评判为不妥当。一般来讲，警察盘查的主要目的或在于甄别特定对象以防范危及公共安全的风险，或在于打击违法犯罪，无论何种目的，警察盘查都不是最终的法律措施，而是一种临时性的限制。从适当性原则的角度出发，在警察行使盘查权过程中，均应遵循目的或目标的正当性原则，不应将其异化为惩罚措施或其他强制措施，背离制度设计的初衷。

（二）必要性原则

必要性原则又称最小侵害原则或最温和原则，是比例原则的核心内容，是指行政机关实施行政行为应以达到行政目的或目标所采取的手段为限，如果为了实现行政目的或目标所采取的手段可能对相对人造成不利影响，应使该不利影响限制在尽可能小的范围和限度内。换言之，警察在盘查过程尤其是控制过程中，如果存在多种可以选择的手段，则应选择不会对相对人权益造成损害或侵害最小的手段。另外，必要性原则还表明，警察行政强制对公民一般自由权利的干预，只应当发生于维护公共利益所必需的程度上，实践中经常出现的那种无差别的"拉网式"盘查既与盘查的必要性原则相违背，执法效果和执法成本也值得评估和考量。

（三）均衡性原则

均衡性原则又称狭义比例原则、相当性原则，是指行政机关采取的行政手段对相对人权益造成的损害不得与所追求的目的显失均衡，二者之间应保持恰当的比例关系，否则，即违反了该原则。

狭义比例原则实质上是一种利益衡量的方式，它要求行政主体实施行政行为或采取行政手段必须兼顾公益与私益，以价值取向为导向进行利益衡量：行政主体实施行政行为应进行成本—效益分析，在各种可能采取的方案中选择成本效益比率最大、对相对人损害最小的方案实施；行政主体实施行政行为，在选择何种手段达到什么目的时，应考虑兼顾社会公益和个人私益，对行政相对人产生的损害，不得超过对社会公益带来的好处。同时，也不得采取超过行政目的或目标需要的过度的措施，应尽可能使相对人的损失降到最低限度。[1]

警察在行使盘查权时，应遵循行政法上的比例原则，选择对当事人侵犯最小的方式，对于盘查手段和方式的采取，应秉承不得超过为实现盘查的目的所需要的必要程度的行为准则。尤其是在大规模的专项盘查中，应严格遵守比例原则，不得进行未加判断或无合理性基础的全面或任意拦停，须符合《人民警察法》和《公安机关人民警察盘查规范》《继续盘问规定》等相关规定才可以实施。比例原则还要求，在拦停后对盘查对象身体或所携带物品的检查，应有明显事实足以认定受检者携带有危险物品有可能威胁公共安全或人身安全时，才得进行检查，上述均为比例原则在警察盘查中的适用要求。[2]

四、不当联结禁止原则

不当联结禁止原则起源于德国，也称为"禁止不当结合原则""不当搭附禁止原则""实质关联性原则"或"相关性原则"等。一般是指行政机关行使公权力、从事行政活动时，不得将不合事理关联的事项与其欲采取的措施或决定相互结合，尤其是行政机关对公民课以一定的义务或负担，或造成公民其他的不利益时，其采取的手段与所欲追求的目的之间，必须存在合理的联结关系。不当联结禁止原则包括合目的性、关联性、可接受性三大要素，[3]生活中"桥归桥路归路""一码归一码"的表述恰与不当联结禁止原则具有一定的相通之处。

不当联结禁止原则强调的是行政行为不能因人民未履行一定的法律义务，而使其承受与该项行为无关的负担或使人民承受一定的不利益，并与行政机关一定之作为或义务结合。不当联结禁止原则虽不是行政程序法明确规定的原则，但也是学界认为行政机关应遵守的重要原则之一，审视我

---

〔1〕 冯建平："公益与私益的衡量：论比例原则及其在行政审判中的适用"，载《法律适用》2006年第5期，第64页。

〔2〕 郑曦："论警察的盘查权"，载《行政法学研究》2012年第4期，第62页。

〔3〕 伍劲松："论行政法上禁止不当结合原则"，载《西南政法大学学报》2004年第4期，第45页。

国警察盘查实践中的诸多问题，该原则的价值显得更为重要且独特。

笔者认为，不当联结禁止原则在警察盘查时的体现，其实可以从执法主体的"道德上的确定性"来衡量。警察在采取某种盘查措施时，不妨扪心自问几个问题：采取此种盘查措施是不是我理性客观判断的结果？我有没有想通过该种盘查措施来达到其他的执法目的？采取此种盘查措施会不会使自己良心不安？

上文述及，基于执法主体的理性经济人假设，警察在诸多可选择的执法行为中，往往会偏好那些程序简洁高效、自由裁量度较高、法律规范较为模糊的执法行为。比如在继续盘问与传唤、拘传等强制措施在适用的前提上有一定重合的情况下，往往会出现用继续盘问代替相关强制措施的现象，侵犯了当事人的合法权益，带来制度的"异化"，这本质上也是违反了不当联结禁止原则的内在要求。另外，实践中我国部分大城市基于控制人口的目的，采取包括警察大规模、长时间盘查和专项行动等诸多措施，本质上也是与不当联结禁止原则相违背，无论是理论上还是现实中，都得不到公众的认可，不具有可接受性。

第二节　警察盘查的启动条件

盘查的启动条件及证明标准是警察盘查制度的核心问题。警察盘查启动条件，亦可称为警察盘查启动标准，是指警察发动盘查所需要达到的法律要件。从本质上说，每次盘查都是警方对公众生活不同程度的介入，个案的不断积累，不仅影响着公众对警察权的感受，而且事实上塑造着我国警察法学的总体法律结构。

从学理上看，确定盘查的启动条件必须同时兼顾预防违法犯罪和保障人权的双重价值，尤为重要的是要根据社会发展确立二者动态平衡的"黄金分割点"，如果标准过低，会带来盘查权的滥用问题，警察可能对没有违法犯罪嫌疑的人员予以盘查，损害公民的合法权益；反之，如果标准过高，警察在行使盘查时谨小慎微，束手束脚，甚至为避免法律责任而放弃采用盘查措施，将会主动遗漏一些理应盘查的对象，则在一定程度上放纵了违法犯罪嫌疑人员。因此，把握盘查的启动条件，关乎人权保障和警察在社会公众心目中的印象，也直接关系到社会秩序的维护及违法犯罪的预防和打击。

一、我国警察盘查的启动条件

我国学界对警察盘查的研究，基本都会涉及警察盘查的启动条件这一问题，几乎所有研究均会提出我国警察盘查条件在法律规定上过于笼统和模糊的问题，"有违法犯罪嫌疑"这样一个不确定性的法律概念确实会带来实践中警察盘查启动标准的模糊性。警察盘查启动标准的原则性和抽象性是各国都存在的普遍问题，实践中往往是依靠经验和直觉进行判断，这就带来盘查权的滥用以及歧视性盘查等问题的发生，但这并不意味着无法建立盘查启动的逻辑结构和基本规则。

（一）"有违法犯罪嫌疑"概念的不确定性

关于我国警察盘查的启动条件，无论是早期规定的"形迹可疑"还是现在的"有违法犯罪嫌疑"，本质上都是一种不确定的法律概念，实践中这种不确定性的表现之一就是警察盘查无法成为一种"百分百"有结果的警务活动，而这是与盘查制度的自身属性密切相关的。

盘查最直接的目的就是确定嫌疑或排除嫌疑，而排除违法犯罪嫌疑以维护特定区域或场所的社会秩序本身就是盘查追求的价值和功能之一。有学者认为，实践中交巡警通过盘查抓获的治安拘留以上的违法犯罪对象（除因无证驾驶、酒后驾驶等被拘留外）占盘查人数的比例还不到2%，[1]因此认为警察实际上做了很多"无用功"，对此结论笔者不敢苟同。

诚然，作为盘查个体的警察，都希望每一次盘查都能有所"收获"，这种收获就是通过盘查来发现、确认违法犯罪嫌疑人。但盘查行为本身就

---

〔1〕 徐玉峰："谈提高交巡警街面盘查实效"，载《公安学刊·浙江公安高等专科学校学报》2003年第6期，第64页。

有自己的内在价值和功能，除最能为大家所感知的"发现违法犯罪嫌疑"外，其还具有秩序整治、震慑等隐性的预防违法犯罪的功能，盘查制度设计本身就内含着"无结果盘查"这种情况。所谓的"无用功"仅仅针对的是"发现违法犯罪嫌疑"这一情形，并未顾及其他功能的发挥。国内外研究都证明，巡逻盘查作为一种警察勤务，能够提高见警率、提升群众安全感，本身就是犯罪预防的重要措施之一。因此，以盘查"命中率"不高来否认盘查的作用和效果，并不是一种理性和科学的态度。

"有违法犯罪嫌疑"本质上是一种经验性判断，往往取决于执行盘查任务的警察的主观判断。这种经验判断本身具有动态性和个性化特征，在法律上较难形成固定的规则，由此带来盘查启动条件不确定的世界性难题，也成为研究盘查制度难以回避的重要理论问题。

"从情理上推断，对于那些被盘查的人来讲，警察当街盘查，可能引起他们一定的烦恼，因为他们不得不暂时驻足；也可能使他们感到惊恐，以为发生了什么事情；甚至还可能使他们感到耻辱，因为在周围行人的注视围观之下，被警察拦截、拍打、检查，当然会感到心中不快，觉得没有'面子'。也就是说，警察的盘查与行人的人身自由、隐私权发生了冲突。"[1]笔者以为，盘查"有违法犯罪嫌疑"的启动标准是造成这种冲突的最直接原因，是盘查制度设计时就存在的一种"合理误差"，这种误差可以降低，但难以绝对避免和彻底根除。一般来说，只要这种误差处于合理的范围之内且未出现其他明显违反法律规定侵犯人权的情况，相对人就具有容忍的义务。

（二）当事人的容忍义务及其限度

盘查过程中往往会涉及对当事人权利的暂时性限制，这种限制在理论上具有正当性，本质上是基于维护公共安全的需要，但在此过程中有可能发生犯罪控制与公民正当权利保障之间的冲突。

第一，安全是人类最基本的需求，犯罪控制是维护社会安全的重要保

---

[1] 余凌云："对不确定的法律概念予以确定化之途径——以警察盘查权的启动条件为例"，载《法商研究》2009年第2期，第60-61页。

障，警察如果不能有效地控制犯罪，也就无法让公众建立对社会公共安全的信心。警察需要执行大量的巡逻盘查任务，是最容易与违法犯罪者打交道的公权力执行者，经过长期职业训练并拥有特定职业经验的警察对违法犯罪的发生最具警觉性。盘查行为是预防犯罪、防患于未然的重要制度设计，能够遏制违法犯罪案件的发生，消除对公共安全的隐患。尤其是在消除迫在眉睫的危险时，法律和公民应对警察采取的临时性限制公民权利的行为予以容忍。

同时，犯罪控制的价值观认为，刑事诉讼的最基本功能在于控制犯罪行为，犯罪控制不力是对自由和秩序的巨大威胁，刑事程序应是社会自由的积极捍卫者，故而国家应当通过各种手段控制犯罪。[1]但警察权的扩张必然导致公民权的限缩，警察的公权力与公民的私权利在理论上存在冲突，导致警察权力与公民权利在一定条件下成反比例关系。[2]因此，法律正当程序的价值观认为，个人权利应当被摆在首位，为了保障公民正当权利，必须限制政府和警察的权力。但在不同的阶段和不同范围内，程序对于价值的平衡和重心的倾向是不同的，在警察盘查过程中，由于盘查措施对当事人权利限制较为轻微，可以容忍适当地向犯罪预防和犯罪控制的价值观倾斜，这种倾斜具有一定的正当性。

第二，盘查对当事人人身权利的侵犯一般较为轻微，实践中一般表现为接受身份查证、询问和检查等环节。为了维护整体社会秩序，法律允许对个人权利的轻微侵犯，在美国著名的"特里诉俄亥俄州案"中，法院判决认为，盘查制度是为了有效预防和打击犯罪维护公共利益以及保障警察人身安全的重要制度，为实现上述目的，法律允许警察对公民个人的权利进行轻微的侵害。与拘留、逮捕等措施显然不同，盘查中对当事人权利侵犯的风险和损失，与预防打击违法犯罪、保护警察执法安全的目的相比较，这种风险或损失是可以接受的。

---

〔1〕 Herbert L. Packer, "Two Models of the Criminal Process", *University of Pennsylvania Law Review*, November, 1964.

〔2〕 陈晓济："警察权与公民权的平衡"，载《天府新论》2008年第1期，第11页。

　　第三，盘查能够实现的法益要大于其对相对人权利的侵犯。该书第一章对盘查显性功能和隐性功能的分析中指出，盘查具有预防和打击违法犯罪、秩序整治乃至于秩序维护等诸多功能，盘查所要实现的法益，如保障公共安全、避免危害后果发生或扩大，则占据了更为重要的地位，此时应允许警察依据其自身的专业经验，对公民的人身安全作一定程度之先行限制，公民个人对此轻微权利的限制应予以容忍，这是具有合理性的。

　　英国伦敦的一份调查报告显示，不少接受访谈的人认为，盘查次数下降与犯罪有所抬头之间有着直接的关系。因为如果那些活跃的犯罪分子知道，他们一出去就会被盘查，这自然会对其活动产生抑制作用。反之，他们可能就会肆无忌惮。而在打击和预防违法犯罪方面，政府和公众的目标是一致的。因此，公众宁愿选择盘查次数上升，也不情愿让违法犯罪率上升。在这份调查报告中，有些有过被盘查经历的人在接受访谈时，也不否认警察盘查权力的必要性和重要性。[1] 另外，人民群众安全感是一个诸多要素相互交织产生的主观性感知结果，见警率、盘查频率等直接关系着公众安全感的高低，为了获取较高的安全感，公众能够接受、容忍盘查带来的轻微不利影响。

　　但需要注意的是，这种容忍具有相对性。无论是"形迹可疑"还是"有违法犯罪嫌疑"，实际上是警察基于执法经验、生活阅历等综合判断的结果。即便能够将盘查对象的甄别提炼为一般性理论或者是一般性的规则，也无法完全排除经验的成分。但这并不意味着警察的盘查可以"为所欲为"，"警察的盘查会直接牵涉公众的利益得失，有可能挑战公众的容忍极限"。[2] 因此，盘查中合理误差的存在具有客观性和相对性，公众的容忍限度也具有一定的相对性，如果警察盘查过于宽泛或者自由裁量标准过于模糊，就有可能会激化盘查对象的不满情绪，进而带来对警察盘查制度

----

　　〔1〕　余凌云："对不确定的法律概念予以确定化之途径——以警察盘查权的启动条件为例"，载《法商研究》2009 年第 2 期，第 61 页。

　　〔2〕　余凌云："对不确定的法律概念予以确定化之途径——以警察盘查权的启动条件为例"，载《法商研究》2009 年第 2 期，第 61 页。

的整体性质疑甚至引发警民冲突。因此，我们依然需要建立盘查的基本规则，尽量将不确定性的概念予以明确化或是确定化，不断提高盘查的针对性和精准性。

二、英美国家警察盘查权的启动条件

警察盘查标准的不确定性是各国警察执法面临的共同问题，如何将不确定性的法律概念予以确定化，各国也采取了不同的做法。比如美国通过特里诉俄亥俄州案作出的判例确立了警察盘查的最基本规则，该判决认为在特定情境下，一个理性的、谨慎的人确信其安全或者别人的安全处于危险之中时就可以实施盘查，由此诞生了一个新的、更为宽松的标准——"合理怀疑"标准，但这种标准仍具有相当的模糊性和不确定性。而英国则通过立法形式，直接将"合理怀疑"标准明确化，由此形成以英、美为代表的制定法和判例法两种警察盘查的启动条件。

（一）英国"合理怀疑"标准的确定化途径

与美国的做法不同，英国直接采用了立法解释技术对"合理怀疑"标准进行明确化。

英国《警察与刑事证据法》中就对"合理怀疑"进行了定义式的明确：（1）必须有事实根据、信息或者情报依据；（2）通常要有准确的、及时的情报或信息；（3）对特定情境下人的举动而归纳出来的某些特征，可以作为依据；（4）依据某团伙衣着特征或者标识，并结合有关其携带武器或持有毒品的可靠信息或情报。只有符合条件的"怀疑"才是"合理怀疑"，并将"合理怀疑"作为盘查合法的"启动器"。

除上述立法规定外，为了有效地指导警察的"拦阻与搜查"，2005年初英国内政部又发布了由 Hazel Blears & Baroness Scotland 带领的"拦阻与搜查行动研究小组"（SSAT）完成的研究成果——《拦阻与搜查手册》。该手册的第一章明确指出，警察的"拦阻与搜查的权力渊源"在于"合理怀疑"，"警察在行使拦阻与搜查权力时必须有合理的根据怀疑"，并将"合理怀疑"概括为以下这样一些要点：

合理怀疑必须以客观事实、信息和情报为基础；或通常与准确的现时的情报或信息相关联；或有时也可以建立在对源自于特定情形下的个人行为的一般化理解；或也可以根据某人的衣着或其他表明某种成员身份或帮派系属的明显标志，和与此相关联的，该人可能携带有武器或受限毒品等可靠信息或情报；合理怀疑不能只是根据一些孤立的个别化或一般化，或模式化的因素而获得正当性或得到支持；合理怀疑标准的有效运用很可能是建立在诸多因素之上的，只有这样才有助于防止权力的活用和增强公众对警察的信心；出于种族平等的尊重，警察基于种族、肤色、出身、国别等的歧视而采取的拦阻和搜查行为是不合法的行为。停止与搜查权力的运用在对象的确定上必须公平、合乎理性而不得有前述歧视。[1]

同时，英国内政部《执法准则》中对盘查的程序也作出了详细规定，如警察仅凭个人因素、归纳的特征或立体的典型形象，不能产生或支持合理怀疑。只有基于一系列的因素才可能有效地适用"合理怀疑"。唯有如此，才能防止滥用权力，并增强公信力。警察在行使权力时，不得因种族、肤色、民族、国籍或原始国籍而予以歧视，这是种族平等的要求。盘查权的行使应当公正、权责一致、尊重被盘查人、不违法歧视。要求警察的每次盘查都要有记录，被盘查人有权索要副本；搜查仅限于表层；任何情况下留置时间都不得超过搜查必要的时间，一般情况下约需 1 分钟；警察搜查完毕，必须迅速填写全国统一搜查登记表；如被盘查人拒绝提供姓名、年龄、住址，警察没有权力扣留，可任其离去。

（二）美国警察盘查启动的证明标准

美国警察拦停与拍搜的规范，除依本书第二章述及的最高法院于特里诉俄亥俄州案所作的判例法原则之外，也有以制定法为依据的案例，如

---

〔1〕　Home Office, "Stop and Search Manual", http://library. college. police. uk/docs/homeoffice/ stopandsearch-intermanual1. pdf, 最后访问时间：2020 年 5 月 20 日。

2001 年 4 月 Atwater v. City of Lago Vista 案，[1] 驾驶人 Atwater 未系安全带，违反得克萨斯州 Lago Vista 市交通法规而遭警逮捕，因交通法规规定，未系安全带是轻罪，于必要时亦可加以逮捕，并非必然要逮捕，至于采取何种措施，警察有依据事实、考虑比例原则的自由裁量权。本案中驾驶人及前座搭载的两名小孩，均未系安全带，也未携带驾驶证及保险资料，警察以违反该市的交通法规，施以无令状逮捕，并上手铐，以巡逻车带回警所，留置于看守所约 1 小时后，由治安官裁处 310 美元交保，随后以罚金 50 美元结案。

其后 Atwater 以警察及市政府违反宪法第四修正案起诉，经美国最高法院以五比四的票决认为，美国宪法第四修正案，并不禁止仅处以轻罪案件的无令状逮捕，如驾车未系安全带等微罪案件。因此，联邦及各州明确授予警察职权依据，如此逮捕并不违宪。本案最高法院赞同在具有相当理由的事实认定下，于各州有法律明确授权的制定法的职权依据时，对仅处以罚金的微罪案件的当事人，警察可行使无令状逮捕，这种行为并无侵犯被逮捕者的隐私与自由权。至于警察对具体案件行使职权时，如何区别相当理由与合理怀疑的界限，对此不确定的法律概念，要明确划分其间的界限，是有很大的难处与争议的。在此我们可以参考美国学者 Del Carmen 将事实之认知确定力与证据力及司法可采取的措施列表分析，具体见表 6-1。[2]

表 6-1　证据确定力及对应司法措施一览表

证据确定力之程度	确定力之百分比	司法程序的起始阶段
绝对确定	100%	启动司法程序，不必须达此程度
毋庸置疑	95%	有罪的判定；证明犯罪行为

---

〔1〕　Atwater v. Lago Vista, http://en. wikipedia. org/wiki/Atwater_ v. _ City_ of_ Lago_ Vista，最后访问时间：2018 年 7 月 21 日。

〔2〕　证据力程度及侦查权起始之阶段比较表，来源于蔡庭榕："论警察拦检之法规范"，载《警察职权法制学术研讨会论文集》，2004 年，第 168 页。

证据确定力之程度	确定力之百分比	司法程序的起始阶段
罪证确凿	80%	某些州的保释拒却及被告主张智虑不足的条件
相当理由	超过50%	各种令状之签发，无令状之逮捕，搜索及扣押，起诉的依据及民众的自力逮捕
优势证据	超过50%	可在民事诉讼中获胜；或在某些刑事诉讼中主张为有力之证据
合理怀疑	20%	警察可进行拦阻或盘查
怀疑	10%	警察可开始侦查，或大陪审团可开始调查
疑虑	5%	必须无条件将嫌犯释回
征兆	0%	不可进行任何法律程序
无证据	0%	不可进行任何法律程序

从表6-1可知，搜索、扣押、逮捕必须有相当理由才可启动，是在有客观事实的情况下，可使受相同训练及经验的谨慎执法警察，相信嫌疑人已犯罪，其确定力应超过50%，至于合理怀疑确定力达20%即可，但也必须有客观的事实为判断基础，而非警察个人的主观臆测，要能使一位谨慎小心的平常人，也有产生可能有不法情形疑虑的可能。警察在执行职务行使职权时，必须考虑实际情况，以判断执法是否合理，以决定是否实施盘查及盘查所允许的范围，而这些都必须参考客观环境所存在的要素来作评估。

因此，警察基于有效的预防及侦查犯罪的目的，必要时可以拦阻可疑之人，以便对可能存在的犯罪活动进行调查。所谓"必要时"是指具体的事实和状况，显示犯罪活动存在的可能性，足以使警察"合理怀疑"犯罪正在或即将发生即可，不必达到足以构成逮捕的"相当理由"的程度。法院查验是否具有合理怀疑，常以警察对下列两点的认知为准：一是犯罪活动是否正在发生；二是被盘查之人是否可能与之有关联。因此，警察不可仅凭简单怀疑、直觉、谣传等即对公民加以暂留，而必须有合理怀疑，如一个人在半夜搬电器，一见警察就逃跑等。[1]

笔者以为，相当理由与合理怀疑的概念，在本质上并无不同，只是存在程度上的差异，在主观认识、客观事实与执法措施之间具有不同的关系，如图6-1所示。

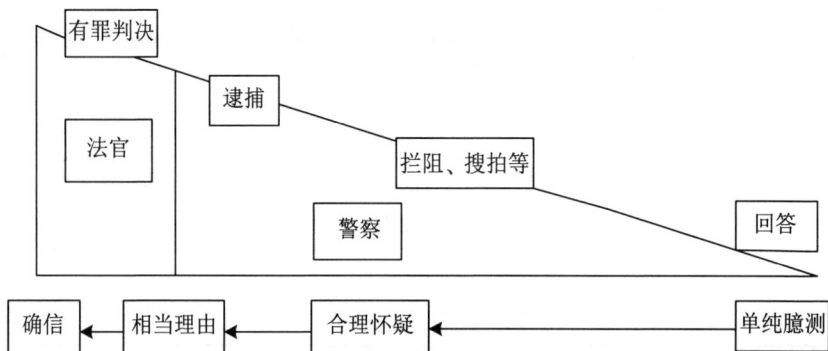

图6-1 合理怀疑、相当理由与相关法律措施的关系

此外，美国法律还对警察盘查过程性程序进行规范，如要求警察在有合理怀疑的情况下，只能进行有限的询问，内容涉及对方的姓名、住址、哪里来哪里去等；使用强制力不得过当，只能用身体，不能使用警棍和武器；只能在公共场所进行盘查；不得强迫嫌疑人回答问题，不能将对方拒绝回答问题作为逮捕的理由；搜查方式仅限于表层的上下拍身，不能进行更深入的搜查，拍身的目的只能是防止对方带有武器对警察构成人身威胁，而不能是为了搜查证据；盘查时间一般不能超过20分钟等。

三、我国警察盘查启动条件的确定化路径

警察盘查本身是一项具有经验性的执法活动，"有违法犯罪嫌疑"标准的不确定性是盘查制度的内在属性，无论是美国判例还是英国的制定

---

[1] 陈晓济：《警察行政强制法律制度研究》，中国政法大学出版社2011年版，第251页。

法，都是对"不确定性"进行"确定化"的尝试，但依然存在相当的模糊空间和不确定性要素，这是盘查制度本身无法克服的内在"缺陷"。

但这并不意味着就无法建立盘查启动的标准规则，笔者以为，我国盘查启动条件的确定化，可以尝试通过立法解释、指导案例以及裁量基准等多方面路径进行明确。立法解释可以理解为一种定性规定，而指导案例则可以理解为一种经验总结与指引，裁量基准实际上是一种技术性规定，通过多元化规制，能够提供较为完善和立体化的规范格局。

（一）立法解释

我国关于盘查启动条件的法律规定，主要集中于《人民警察法》《道路交通安全法》《居民身份证法》《反恐怖主义法》和《继续盘问规定》《公安机关人民警察盘查规范》等规定中，从整体上看，盘查启动条件较为抽象，未进行诸如英美等国家警察盘查中"合理怀疑""相当理由"等概念的区分，也没有在内部规则中进行具体明确。笔者以为，《人民警察法》可以对警察盘查制度进行统一规定，明确盘查类型及各类型的启动条件，同时，对"有违法犯罪嫌疑"的概念进行解释和明晰，在立法上首先建立起足以规范警察盘查自由裁量权行使的具体逻辑结构，实现对警察盘查启动条件和证明标准的确定性指引。

（二）指导案例

立法解释有可能会将"有违法犯罪嫌疑"这个不确定的法律概念进行相对的确定，但执法环境处于动态和变换之中，依然难以实现对此概念的绝对确定。立法与执法之间仍然存在距离和空间，警察盘查执法实践中，必然也会存在因个案而异、因情境而异甚至因人而异的情况。换句话说，"对于不确定的法律概念，通过一般的解释技术，还无法把不确定因素变成一个个固定的常量，而只能获得相对的确定结构"。[1]

我国近年来的指导案例制度实际上形成了诸多可资借鉴的成果，能够弥补制定法的抽象性、概括性和滞后性等不足。事实上，我国发布的大量

---

[1] 余凌云："对不确定的法律概念予以确定化之途径——以警察盘查权的启动条件为例"，载《法商研究》2009年第2期，第65页。

行政指导案例，已经形成一个尽管不是很明确但却能够为司法人员感知的大致框架，能够使不确定的法律概念获得进一步的确定性，这完全可以援用到警察行政的过程中。笔者以为，公安机关通过对警察盘查案例的归纳和解读，能够形成不同类型、不同场景下盘查的基本启动规则，对执法实践中的警察起到引导和指导作用，在一定程度上实现盘查启动标准的确定性。

（三）裁量基准

"行政的生命需通过裁量表达，为了既满足行政的灵活性，又能遏制执法的任意性，行政裁量基准得以产生。"[1] 行政自由裁量基准是近年来我国行政法学界和行政法治实践关注的热点，其在理论和实践中似乎都已趋于成熟。裁量基准是行政机关基于对行政裁量的规则细化而设定的一种具体判断选择标准，"裁量基准作为一种特殊的'规则之治'，在'律令—技术—理想'的法律模式理论中，更多体现出来的是一种'技术'——适用法律和规制裁量的技术"。[2]

由于公安工作面对情况的复杂性和公众影响的广泛性，警察行政裁量基准的具体适用直接影响着警察形象和执法效果，近年来，公安机关尤其是省级、市级公安机关根据当地执法情况，出台了一系列的公安行政执法裁量基准，其通过行政机关权威、行政机关内部激励、评议考核和责任追究等自我约束机制来实现对警察自由裁量权的规制，有效提高了公安执法规范化水平。

警察盘查先天具有情况复杂、情势多变、个性化经验性特征明显等特点，在实践中呈现出多元、不统一的态势，单纯依靠法律进行规制不仅杯水车薪，也不具有可行性，但行政裁量基准具有"规范、纠偏、公平"等作用。因此，警察行政裁量基准可以为警察盘查的启动提供规范的技术路

---

〔1〕 王晓儒："大数据技术助推公安行政裁量的完善——基于北京市公安行政处罚的实证研究"，载河北省委法治办、河北省政府法制办、河北省法学会：《依法行政和法治政府建设——第九届法治河北论坛论文集》（上），2018年，第113页。

〔2〕 周佑勇："裁量基准的技术构造"，载《中外法学》2014年第5期，第1142页。

径。尤其是在大数据背景下，能够实现对盘查启动条件的全景式智能分析，突出盘查的全样本分析、高相关性分析以及强大的预测功能，为建立健全警察盘查裁量基准提供技术条件。

警察盘查证明标准是一个直接关系到盘查权能否正确行使的重要问题，基于盘查的制度定位，盘查理由的证明标准应低于采取行政处罚和采取刑事强制措施理由的证明标准。在此过程中，我们可以建立一个参照依据，可以从以下几个方面确定是否有嫌疑的裁量标准。[1]

第一，必须要有一定的违法犯罪嫌疑的信息。违法犯罪嫌疑信息是指某种违法犯罪将会发生、可能发生、正在发生或者与已经发生的某些违法犯罪案件相关的痕迹、征兆、苗头或可能等信息。违法犯罪嫌疑信息是启动盘查的前提条件和基础性因素。这有两种情况。一是至少有一个与违法犯罪嫌疑有关的证据材料，该证据材料足以建立起警察的内心确信，据此可以合理怀疑其有违法犯罪嫌疑，该证据材料不一定必须有证据资格。如嫌疑人携带与其身份明显不相符的物品，嫌疑人身上有外伤或血迹等，再如见警拦查，突然驾车改变方向欲逃离或离开等；二是没有任何证据材料时，必须有客观性的物品作为依据，即须有可以使人能够客观评价的物品来证明其有违法犯罪嫌疑。

第二，这些违法犯罪嫌疑信息必须能够被警察感知。即警察可以通过自身的感觉器官亲自感受到这些信息，而不能单凭警察的直觉和本能确定嫌疑对象。警察不能够凭主观好恶或以被盘问人的衣着、相貌特征和身份等与违法犯罪嫌疑无关的信息作为嫌疑根据对其进行盘查。

第三，违法犯罪嫌疑信息是否存在，必须根据警察启动并实施盘查行为时的环境条件来确定，而不是在盘查结束后通过盘查的结果来验证盘查行为的合法性。这一方面可有效制止警察幻想通过盘查结果的合理性来掩盖盘查行为的违法性，从而制止盘查权的滥用；另一方面只要警察严格按照盘查理由及其证明标准合法地行使盘查权，即使盘查结果没有发现违法

---

〔1〕　苗爱军："论警察盘查理由及其证明标准"，载《公安研究》2006年第7期，第85页。

犯罪嫌疑，也不能指责警察该盘查行为违法，从而有效保障警察依法行使盘查权。

同时，依靠大数据的智慧警务，能够进一步弥补盘查裁量基准中的漏洞和缺陷，"应用大数据分析方法，即可以实现通过网络爬虫收集实时的公安行政裁量信息，通过数据挖掘分析公安行政裁量基准与实际实施的差距，通过数据建模完成对具体个案的处罚预测和监督"，[1] 最终构建警察盘查启动标准的行政裁量模型，进一步提高对警察盘查启动条件的预测和监督功能。

正如余凌云教授所言，从根本上讲，任何规则都无法彻底消除裁量，任何监督都无法实质约束裁量。裁量最终还须依赖执法者的自我约束、自觉自律，要在与此有关的诸多因素——包括执法者的良好素养、高尚道德、对公众期待的默契、机关文化、群体影响等——的集体作用下，实现个案正义的目标。

---

〔1〕 王晓儒："大数据技术助推公安行政裁量的完善——基于北京市公安行政处罚的实证研究"，载河北省委法治办、河北省政府法制办、河北省法学会：《依法行政和法治政府建设——第九届法治河北论坛论文集》（上），2018年，第125页。

第七章

智慧警务与警察盘查

信息社会深刻地改变着人类社会的形态，影响着社会生活的方方面面，也带来警务机制的革命。正如国务院《新一代人工智能发展规划》中的表述："（信息技术）对政府管理、经济安全和社会稳定乃至全球治理产生深远影响"，"人工智能技术可准确感知、预测、预警基础设施和社会安全运行的重大态势，及时把握群体认知及心理变化，主动决策反应，将显著提高社会治理的能力和水平，对有效维护社会稳定具有不可替代的作用"。以信息科技和大数据为支撑的智慧警务，成为21世纪警务变革的发展方向，推动着警务治理政策的范式转变，影响着警务发展的各个面向。

在警察盘查领域，智慧警务赋能传统警务机制，信息科技与传统盘查措施的结合，弥补了过去盘查中的短板。在大数据支撑下，"互联网+盘查"使得高效配置盘查力量、精准定位盘查对象成为可能，成为破解盘查随意性、对象歧视性以及效率不高等一系列难题的有力技术支撑，是未来盘查制度变迁中最值得期待和关注的新趋势。

同时，智慧警务的发展和变迁，也在重塑着我国警察学术研究传统范式。信息社会时代，随着大数据收集能力的日益增强，数据计算分析能力和预测预防预警能力的不断提升，政策评估技术的不断完善，我国警务政策逐步摆脱本能反应、感性认知、粗放发展和政策供给的碎片化的初级阶段，警务制度和警务政策的科学化具备了现实条件。

第一节　智慧社会警务政策的科学化

"从本质上看，自然科学和哲学社会科学都是人类的认识活动，遵循着人类共同的认识法则，追求的都是认识结果的真理性，就此而言没有根本差异。"[1] 对自然科学的科学性鲜少有人质疑，但对社会科学尤其是经验研究科学性的质疑却一直存在，人们认为社会科学的很多研究结论往往与生活常识或者是社会经验区别不大，无法体现社会科学的"科学性"。社会科学研究者认为，社会科学的测量困难，涉及的变量太多，研究者难以像自然科学研究者一样获得可测量和可验证的客观规律，为某种社会现象建立类似实验室那样的精准数据和政策模型非常困难。科学发展的过程是人类认识发展的必然过程，近年来，随着大数据计算分析能力的提升和研究方法的快速发展，社会科学的科学化已经成为可能，社会科学研究的国际化进程也在逐步加快，[2] 不断融入国际化交流平台和话语体系。警务政策基础研究的深化和社会治理技术的不断丰富，为我国警务政策的科学化奠定了坚实的基础，科学化的警务政策有其自身的基本内涵、理论基础、技术支持、研究方法和层次体系。

一、警务政策科学化的基本内涵

科学是一个建立在可检验的解释之上的，对客观事物的形式、组织等进行预测的有序的知识的系统，是基于经验证据及对其严格分析而产生的。随着自然科学的蓬勃发展，社会科学已经经历了三次"科学化"的浪潮。[3] 近年来一些当前仍只能称之为"学科"的人文社会科学，在其基

---

〔1〕 熊进："论哲学社会科学创新评价的科学化"，载《武汉大学学报（人文科学版）》2010年第2期，第247页。

〔2〕 刘雪立等："中国社会科学研究国际化现状"，载《科学学研究》2014年第6期，第822页。

〔3〕 杨文登、叶浩生："社会科学的三次'科学化'浪潮：从实证研究、社会技术到循证实践"，载《社会科学》2012年第8期，第107页。

础理论领域内，逐渐形成了一些新的科学化的研究方向或者研究分支，"比如，当代很多新兴的交叉学科，如神经经济学、神经教育学、实验伦理学、实验哲学等，它们的出现并不是因为找到了不同于以往的研究对象，而是在研究领域内，运用了以前难以使用的新的、科学的研究方法，尤其是实验的方法"，[1] 社会科学中实验方法的运用大大推动了社会科学的科学化进程。

　　警务政策的科学化就是应用客观、全面、严谨的理论、技术和方法来获得与警务相关的科学、有效知识的研究过程。它包括在科学研究基础上形成的理论、观点和政策以及实施这些政策的具体项目。警务政策的科学化说到底是使政策的理性选择尽可能符合客观规律的过程。科学化的警务政策体系依靠可靠性日益提高的数据收集和分析技术，对政策项目进行评估、验证和预测，检验政策的有效性，从而实现警务的科学治理。警务政策的科学化包括理论研究领域的科学化、应用研究领域的科学化和实践领域的科学化三个方面。理论研究领域的科学化是指以观察、调查、测量、数据分析、实验等实证方法来检验理论的科学性；在理论研究领域科学化的基础上实现应用研究领域的技术化、可测量化、可分析化和可视化；实践领域的科学化是指实现由以常识、经验为指导的实践向主要以科学理论为指导的实践转变，形成社会科学的"技术实践"和"循证实践"，如图7-1所示。

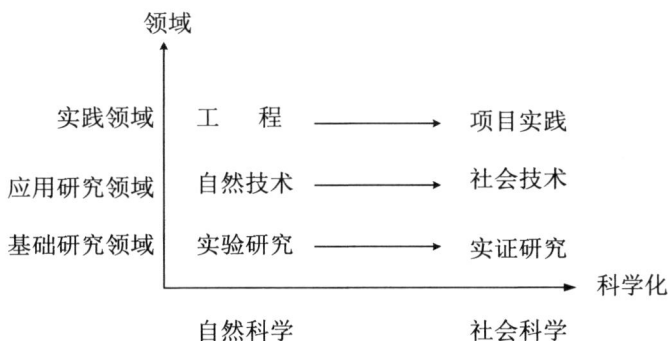

图 7-1　自然科学与社会科学的"科学化"之路

---

〔1〕 杨文登、叶浩生："社会科学的三次'科学化'浪潮：从实证研究、社会技术到循证实践"，载《社会科学》2012 年第 8 期，第 109 页。

二、警务政策科学化的基本层次

警务政策体系是一个涵盖理论观点、法律法规、组织结构、具体项目的完整结构，缺乏其中任何一个层次，都难以构建科学化的警务政策。

第一，理论和观点层次。对社会治安问题的基本认识和学界通行的观点决定了该社会对治安问题的认识和理解，这将直接影响到其他层面警务政策的制定和执行。理论和观点层次居于整个警务政策顶层，关涉警务政策科学化的具体制度设计。

从我国社会警务政策历史演进来看，在新中国成立初期以巩固政权为中心的军事管制型警务防控政策阶段，军事斗争的理论和实践经验直接成为当时警务政策设计的理论基础，军事管制型警务政策的实施具有历史的必然性，"文化大革命"时期的阶级斗争战略直接导致政治运动型警务政策的实施。改革开放初期严峻的社会治安形势是催生"严打"的现实基础，直接推动了以"震慑"和"威吓"为理论指导的警务政策的发展。随着"严打"的副作用和局限性的日益暴露，学界对社会治安问题有了更深的理解和认识，社会治安综合治理、立体化社会治安防控理论成为设计警务政策的基本理论和主流观点。

第二，与社会治安治理有关的法律法规层次。与警务政策有关的法律法规，主要包括刑事法律法规和治安法律法规以及特定历史时期为处理某一特定违法犯罪问题通过的专门法规和单行法规，比如"严打"和"劳教"的相关规定。基于巩固政权、维护社会秩序的需要，在当时军事管制型警务政策和政治运动型警务政策的指引下，1957 年全国人大常务会批准《国务院关于劳动教养问题的决定》，成为当时警务政策体系中重要的法律法规。随着社会治安综合治理理论和观点层次的不断成熟，经过多年实践，社会治安综合治理法已经具备立法条件，目前正在制定中，[1]其将成

---

〔1〕 在地方立法层面，不少省级人大已经制定了社会治安综合治理条例，比如北京、天津、浙江、西藏等地，全国人大已将国家层面的社会治安综合治理法纳入规划，具体由中央政法委起草。

为今后一个时期我国警务治理重要的法律依据。

第三，警务机构设置及其建立的相关政策层次。科学化的警务政策需要相应的防控机构予以支撑，长期以来，中央综治委是我国社会治安防控中的重要机构，在我国社会治安防控方针、政策制定和协调全国社会治安综合治理工作中发挥了重要作用。为适应新形势下治安防控的需要，2018年《深化党和国家机构改革方案》提出"不再设立中央社会治安综合治理委员会及其办公室，有关职责交由中央政法委员会承担"，也属于警务机构的改革层面。另外，作为社会治安综合治理政策实施主体的公安机关，面对新形势和打击违法犯罪的需要，在组织机构层面进行了不断探索，比如大庆取消基层派出所将其统一划归分局管理、河南全省撤销公安分局的改革以及浙江推行的大部门制改革等，均有不断追求警务机构设置科学化的内在动因。

第四，警务政策具体项目层次。政策需要通过具体的项目来体现和推行，"项目"的范畴很宽泛，既可以是"严打""扫黑除恶"这样涉及全国范围的大项目，也可以是某一社区或派出所乃至于某一小区的小项目。从警务政策的科学体系来看，无论是全国统一推进的社区警务、农村警务，还是个别组织推行的网格化巡逻、视频监控、邻里守望等，均属于警务政策的具体项目层次。这些项目有些是建立在比较充分、有实验性质的研究基础之上，比如基于"破窗理论""零容忍"等建立的相关项目，有些可能是在政治安全或其他方面考虑的基础上建立起来的，比如2018年开展的"扫黑除恶"项目。

警务政策的科学化意味着上述四个层次都应源于科学理论研究的结果，抑或是以科学评估为核心、以社会技术为支撑的能够证明的研究活动的基础上。随着警务政策理论的不断发展，依靠可靠性日益提高的数据、严格程度日益提高的分析技术以及对政策项目的科学评估，警务政策已经具备科学化的条件。科学的警务政策具备客观性和价值中立性，能够把通过常识和经验难以发现的深层内容通过科学的方法呈现出来，揭示社会治安问题的深层原因。科学的警务政策具备精准性，潜入微观层面分析社会治安问题，能够为科学调动防控资源、调整防控布局提供重要参考。

三、智慧社会警务政策科学化的技术支撑

智慧社会信息技术日新月异，信息产业持续发展，信息化成为全球经济社会发展的显著特征。随着物联网、云计算、移动互联网的发展，一个以海量信息为基础、以高新数据挖掘和分析技术为支撑的大数据时代已经到来，人类社会已经迈入"数字时代"，数据收集能力、分析能力和运用创新能力达到前所未有的高度。"现代信息技术具有数字化、可视化、全程留痕等特点，凭借发达的计算机和网络技术，可以对人流、物流、资金流、信息流进行全程追踪，为防控社会治安问题提供有效手段。在迈入大数据时代的形势下，通过大数据的科学分析，可以对社会治安中的问题进行预测，展现传统技术方式难以展现的关联关系，实现对各类风险的自动识别、预警，由此预防和减少社会治安案件的发生。"[1]智能社会科学技术、信息化以及大数据的快速发展，为警务政策科学化提供了重要的技术支撑。

(一) 大数据的收集能力日益增强

科学化的核心是证据的效力，证据的效力取决于数据的收集，数据收集技术的发展为数据质量的不断提高提供了基础。"大数据是新世纪新时代的'千里眼''顺风耳'，为流动、开放、动态、匿名社会的治理提供了重要平台和有效载体。"[2]正如《大数据时代》一书中指出的那样，大数据不需要借助于因果关系的发掘、由因到果或由果溯因解决问题，仅仅借助于事物之间相关关系的发掘，就可以让数据说话，作出判断，形成推论，产生智能方案。[3]大数据为社会风险的定性与定量预测提供了数据

〔1〕 "如何建设立体化、信息化社会治安防控体系"（政法院校校长解读习近平总书记关于加强和创新社会治理重要指示专栏文章之四），载中国长安网，http://www.chinapeace.gov.cn/2016-10/19/content_11373656.htm，最后访问时间：2018年2月10日。

〔2〕 "理念引导、数据支撑、创新驱动，切实提高预测预警预防各类风险能力"（政法院校校长解读习近平总书记关于加强和创新社会治理重要指示专栏文章之六），载中国长安网，http://www.chinapeace.gov.cn/2016-10/21/content_11374126.htm，最后访问时间：2018年2月10日。

〔3〕 ［英］维克托·迈尔-舍恩伯格、肯尼斯·库克耶：《大数据时代》，盛杨燕、周涛译，浙江人民出版社2012年版，第2页。

支撑和评估手段，为社会风险预警模型设计提供了关联依据和量化指数，为社会风险预防对策体系的研拟提供了量化方法和智能工具。"这种由大数据直接获得的'简约有序'或'特定的结构化数据'，提供了人类群体在宏观上的某种行为，政府和公司的领导可据此轻松和直截了当地作出更为有效的决策。"[1]

当前一些公安机关已经有了借助大数据分析手段开展风险预测预警预防的成功范例，随着数据采集能力和分析技术的不断提高，"数据决策"指挥实战的应用将会越来越广泛。

（二）数据计算分析能力和预测预防预警能力不断提升

只有通过科学的统计方法得出的分析才具有更强的证明力。随着日新月异的数据收集、分析技术和精算方法的不断进步，旧有的分析方法或者存在偏差的分析技术得到不断纠正和完善，使得社会治安防控领域的数据分析更可靠、更精准。数据分析技术的发展主要依赖统计学的迅速发展，各种功能强大的统计技术、统计模型日新月异，同时借助云计算运算功能的快速发展，过去无法实现或者非常耗时的运算任务可转瞬完成，为数据分析实践中的疑难问题提供了解决渠道。原来我们用道德、管理和行政等诸多手段难以解决或者解决成本高昂的问题，在大数据时代都可以通过技术手段来解决。数据资源的有效整合、数据存储的技术突破、数据运算的大幅提速、数据传输与分析水平的全面提升，极大地促进了各类风险预测预警预防的科学性、时效性和精确性，成为警务政策科学化的重要技术基础。最近几年来，国外警务发展同样证明依托强大的数据分析和预测能力，大数据不仅能够预测犯罪的方法，而且能够在预测犯罪者身份的方法以及预测受害者的方法等方面发挥了重要作用。

（三）政策评估研究不断完善

政策评估是通过揭示因果机制来反映政策的成败，分析政策对社会的

---

〔1〕　吕乃基："大数据与认识论"，载《中国软科学》2014年第9期，第38页。

影响，〔1〕长期以来，我国不少公共政策和制度安排未经过成本—收益分析和利弊衡量，缺乏实效，效益不高。〔2〕因此，社会治安防控理论和相关政策是否科学、有效和经济，必须通过评价政策项目的效度才能验证。评估能够验证项目是否达到预先设计的目的，确保项目的可重复性。〔3〕当前，政策评估在经历技术阶段、描述阶段、判断阶段后，已经进入价值多元阶段。〔4〕多元主义公共政策评估的理念和模式拓宽了政策评估的视野，使得政策评估既要进行实证分析又要进行规范分析，既要对事实进行考虑又要对价值进行判断，以此作为政策/项目持续修正的依据（图7-2）。政策评估技术的科学化既提高了政策评估研究的能力和水平，也为警务政策科学化提供了科学的评价方法，"智慧社会的犯罪治理必须强化目标管理和绩效考评，追求有效的治理"。〔5〕

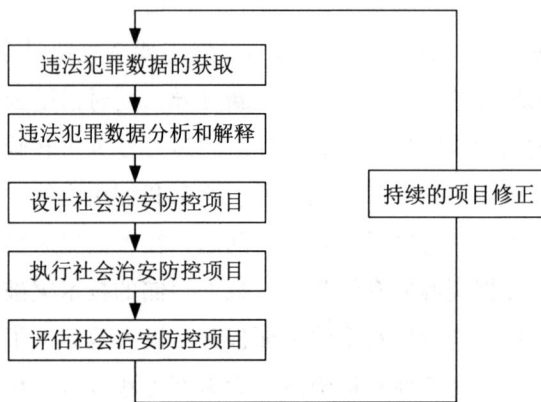

图7-2　警务政策行动研究

〔1〕 H. Wollmann, Policy Evaluation and Evaluation Research, in F. Fischer, G. Miller and M. Sidney eds. , *Handbook of Public Policy Analysis：Theory, Politics and Methods*1, CRC Press, 2007.

〔2〕 罗豪才、宋功德："科学发展的公法回应——通过公法均衡化推动中国社会发展科学化"，载《中国法学》2007年第6期，第12页。

〔3〕 Nathan Eagle, Kate Greene, *Traffic Data, Crime Stats and Closed-Circuit Cameras：Accumulating Urban Analytics*, MIT Press, 2014, p. 208.

〔4〕 陈玉龙："公共政策评估的演进：步入多元主义"，载《青海社会科学》2017年第4期，第67页。

〔5〕 卢建平："智慧社会的犯罪治理"，载《人民法院报》2019年1月2日，第2版。

警务政策的科学化必然带来盘查制度的科学化，或者说，盘查制度的科学化必然助推警务政策的科学化，二者是相互促进、相互作用的关系。从信息社会更为宏大的视阈审视我国警察盘查制度，能够更为准确地把握警察盘查的未来发展趋势，这种发展在某种程度上也可以说是一种颠覆。以大数据和人工智能为核心的智慧警务，有别于人类社会历史上的历次警务革命，改变了几千年来盘查的运行模式和经典范式。这种范式能够祛除以往盘查中难以克服的内在痼疾，打开警察盘查制度运行的崭新篇章。

第二节　智慧警务时代警察盘查的未来发展

现代社会的复杂性及其不确定性给社会治理带来了新的挑战。传统社会的治理主要是粗放式的管理，具有粗线条、松散性和随意性等特点，难以适应社会发展需要，从粗放式管理迈向精细化治理是未来社会治理必须实现的转向，引致包括警察盘查在内的一系列警务制度的变革，尤其是信息社会智慧警务的发展，为这种变革提供了可能和重要的技术支撑。

近年来，信息科技助力警察盘查的警务实践呈现了未来警察盘查的发展趋势和可能，以物联网、大数据、云计算、人工智能为代表的科技警务的发展，成为驱动警务决策科学化、警务模式现代化、警务管理规范化、警务效能集约化的最重要因素，引发了一场广泛而深刻的警务变革。

"大数据+盘查"领域同样在发生根本性的变化。比如警务终端对盘查对象的人脸识别，目前已经应用到出租屋清查，大型足球赛事入场观众识别，汽车站、火车站等公共复杂场所无携带身份证人员的身份核实等领域。高清摄像头全天候的 24 小时动态识别系统，能够实现对来往路人的无歧视巡查，实现对可疑人员的自动比对、自动锁定和轨迹追踪，使得警察盘查由"人的盘查"迈向"数据盘查"、由"单兵盘查"迈向"系统盘查"、由"基数控制"迈向"目标控制"。盘查警力的配置更为科学高效，实现了"违法犯罪嫌疑"最大限度的确定化，尽可能地减少主观因素的介入，使得警察在盘查对象选择、盘查过程追踪和盘查社会效果方面实现最优化成为可能，避免了以往盘查中备受诟病的随意性、歧视性和粗放型等问题，带来警察盘查的一场革命。

一、由"人的盘查"迈向"数据盘查"和"系统盘查"

大数据的显著特征就是"大"而"全"。所谓"大"，就是指数据量巨大，能够汇集海量数据，基于海量数据的分析技术能够减少误差，充分反映数据所代表现实的情况。所谓"全"，就是指全数据所反映的事实可以说就等于现实情况，基本不存在误差。

（一）大数据对现代警务的系统性塑造

大数据对现代警务机制的形塑是立体的和全方位的，带来了警务机制的一场革命。比如浙江公安机关依托大数据技术，不断完善公安情指行一体化工作体系，通过实现资源共享、业务融合、联勤指挥、合成作战，在打击防范实战中发挥了重要作用，有力推进了现代警务模式构建，全面提升了警务核心实战能力。绍兴公安坚持"整体、系统、关联、融合"的理念，通过体制不变、结构重组的方式，跨部门、跨警种组建大政工、大侦查、大治安等大部门大警种，提升体系中间层运转效率；全面开展刑侦体制、派出所警务机制、街（路）面勤务机制、网上网下服务四项基础性改革，实现打击专业化、勤务动态化、社区专职化和服务便捷化，打通情报指挥行动"最后一公里"。[1]

随着大数据技术的日渐成熟，现代信息技术在数据过滤、信息识别、数据流检迹、云计算等方面取得长足进步，基于大数据技术建立的警务情报基础体系的性能也得到极大提高，朝着更加自动化、更加精确化、更加智能化的方向进步，[2]这也促进了警察盘查实现质的飞跃。

---

〔1〕 王春："浙江以大数据驱动现代警务机制改革"，载法制网，www.legaldaily.com.cn/index/content/2020-07/16/content_ 8250171. htm，最后访问时间：2020 年 8 月 6 日。

〔2〕 王琛、周彬："大数据时代的警务模式改革"，载《中国人民公安大学学报（社会科学版）》2018 年第 4 期，第 59 页。

（二）"大数据+盘查"模式下警察盘查的"数据化"和"系统性"发展

当前，很多公安机关针对"人的盘查"容易产生的误差、歧视等问题，建立了车载警务系统、警务通、5G 移动执法记录仪等盘查取证系统，实时对路面可疑人员、车辆等进行核查，并将需要进一步核实的数据信息传给后台信息研判组，同时后台研判工作人员也可将相关数据信息输送给街面盘查警察。指挥研判后台与街面盘查警力紧密结合，实现"手脑合一，耳聪目明"，改善以往街头盘查中的偶发性、经验性盘查等问题。

在警察盘查领域，通过物联网和大数据技术的支撑，作为盘查个体的警察能够形成一个互相支持、互相配合的链接网络，能够实现"后台盘查对象识别指令——中台盘查数据比对——前台盘查对象处置"等完整的警察盘查数据链，实现了由以往"单兵盘查"迈向大数据支撑下的"系统盘查"的转型。

二、由"粗放盘查"迈向"精准盘查"

盘查实践中最受指摘之处莫过于盘查对象的不确定性和歧视性，由此衍生出盘查制度的一系列问题。为解决盘查中的上述问题及弊端，世界各国警察均努力通过不同的路径予以规范，但仍难以实现盘查的确定性和精准化。智慧警务时代，物联网、大数据、云计算以及人工智能的飞速发展，为盘查的精准化提供了技术支撑，使得精准盘查日渐成为可能。

精细化治理、精细化盘查是智慧警务的重要治理目标。精细化盘查是相对于粗放式盘查而言的，是对于粗放式盘查的升华和超越。简单地说，精细化盘查就是警察通过科学的手段和方法，依靠物联网、大数据、云计算等信息科技，精准而高效地开展盘查等警务活动，及时有效地解决盘查中的固有问题，更好地提供基本公共安全产品和服务。精细化盘查以信息技术为基础，是一整套精心设计的结构和机制，能够实现对盘查的精准定位、精确识别、精准预测、精准引导、精准执法，其不仅关心结果的可测量性和可计算性，而且要求运行过程具有规范性、可预测性和可视化。

智慧警务不仅能够让盘查更为精准，而且让勤务更为智慧。比如在大型活动举办期间，通过对人、车等信息的大数据汇集，与后台的数据库进行碰撞比对，同时不断将重要场所的登记信息进行筛查，建立分等级预警机制，针对预警的不同等级，警察启动相应等级的预案，开展指挥调度，努力实现目标打击精准化，尽量减少主观因素的参与，实现预防打击违法犯罪与保障人身自由的平衡。[1]

三、盘查警力配置更为科学高效

现代警务机制实质上是对有限资源进行合理配置，以追求警务资源投入最小化、警务目标实现最大化的机制。

(一) 大数据警务社会治理的精细化发展

随着大数据时代的到来，公安机关通过收集掌握数据、分析挖掘数据，运用云计算和云技术进行关联分析，发现提炼客观规律，预测预知治安形势、社会管理、民意导向等发展趋势，基于数据科学方法的量化研究，推动警务决策机制从"业务驱动"向"数据预测"转变，从而减少决策失误，提高公安决策的正确性、精准性、及时性，从而借助数据的力量真正实现公安决策的科学化。例如，公安机关运用热力图等方式，对人员密集场所进行数据分析，提前进行有效管理和动态监管，可以有效预测各种重大公共安全突发事件，从而提升公安机关社会治理能力。

随着信息科技的不断发展，犯罪形势明显呈现智能化、科技化、非接触化等新的特点，对传统警务模式提出了新挑战。公安机关借助大数据、云计算等现代科学技术手段，能够打破原有警种壁垒，整合部门间数据资源，充分共享信息，建立"纵向贯通、横向集成、互联互通"的大数据警务模式。[2]大数据警务能够实现警力的实时动态分布，改变以往被动式、守株待兔式警力配置模式，使得以"预防预警预测"为核心的预防警务成为可能。作为智慧警务的常见应用场景之一，"大数据+盘查"模式能够进

〔1〕 马志文："警察盘查权实证研究"，烟台大学2019年硕士学位论文，第20页。
〔2〕 戴露："大数据时代深化警务运行机制改革的路径"，载《人民公安报》2018年4月8日，第3版。

一步优化盘查警力配置，使得巡逻盘查勤务更为科学、高效。

（二）"大数据+盘查"模式下盘查警力配置的科学化

实践中，依靠"大数据+盘查"模式来科学配置警力已经得到实践应用，比如据《广州日报》报道，天河警方引用"互联网+"创新升级"公安网+盘查"巡逻模式，首开"进攻式盘查"先河，有效打破了以往"阵地式"盘查的被动局面，并以卡点为中心将勤务触角向周边延伸，实现"警力跟着警情走"，进一步提升打击成效。

具体来讲，该巡逻盘查模式利用移动警务终端对盘查对象进行人脸识别，目前已经应用到出租屋清查、大型足球赛事入场观众安全检查、客运站未携带身份证人员的身份核实等方面。此外，高清摄像头的智能人脸动态识别系统，可实现对来往路人进行脸部的自动锁定和追踪，比对可疑人员。该平台依托公安专业网络运行，运用地理信息，实时导入全区"110"警情信息和警察盘查动态，警情态势、警力部署与治安薄弱环节在电子地图上一目了然。此外，在移动警务车上安装的移动摄像头，也可实现人脸动态识别的视频盘查。据了解，升级后的盘查模式实现对警情峰值和重点部位的全覆盖，通过对警情数据和盘查工作的时空对比分析，针对案件高发地段坚持持续用警，针对案件高发时段采取集中用警，针对违法犯罪分子流窜特点设置卡点显性用警。[1] 改变了以往警力配置凭感觉、靠经验的感性阶段，逐渐迈向基于数据和实证研究的科学警力配置阶段。

四、智慧警务的未来图景

我们正处于一个变革的时代！随着信息革命的不断深入，智慧警务也将不断深化、拓展、发展和跃迁，成为整个警务机制中最富变革性的力量。改变已经发生，"信息化+盘查"只是这场变革中的一朵很小的浪花，但透过这朵浪花，我们依然可以窥见这场变革的全面与深刻，感受到智慧

---

〔1〕 李栋："手机'刷脸'盘查，快！人脸识别抓疑犯，准！"，载《广州日报》2017年4月28日，第A15版。

警务时代警察盘查制度性转型的势在必行。

值得骄傲的是，在这场智慧警务革命的浪潮中，我国很多警务领域科技的应用处于全球领先地位，"信息化+警务"的应用场景丰富多样，可为这场以智慧警务为核心的现代警务革命贡献中国的智慧和经验。可以预见，随着新一代互联网、物联网、大数据、云计算和智能传感、遥感、卫星定位、地理信息系统等技术的不断创新发展，公共安全管理必将迈向数字化、网络化、智能化和科学化，未来的发展也必将超越我们当前的想象和预设。或许，这一天会很快到来。

盘查制度研究范式的转型
与风险社会警察权的理论更新

　　我国警察盘查的理论与实践是整个警察权的缩影，盘查中存在的诸多问题也是警察权类似问题的折射。风险社会视阈下，我国盘查制度的研究范式必须实现转型，学者应更加关注盘查的本土运行和制度生成，理性认识对盘查权的严格规定乃至于极致限制并非解决盘查权滥用的有效路径。智慧警务的不断推进，深刻形塑着包括警察盘查在内的一系列警察权的既有运行机制，透过盘查理论与实践两个面向的深入分析，能够洞悉风险社会警察权的发展趋势，传统警察权理论必须实现理论更新，以适应不断变化的警务实践。

　　世界警务的发展趋势必须放在整个社会环境中进行检视。"9·11事件"之后，为应对恐怖主义威胁，世界各国相继出现了一股警察扩权的潮流，无论是英美法系还是大陆法系，无不通过概括性授权规定提高警察应对各种风险的能力。公共安全是人类社会共同利益维系的基础，警察的盘查权就是为维护这种共同利益设计的法律制度。在司法实践中，西方国家虽然对盘查权有种种限制，但出于公共安全的考虑往往还是会偏向于警察盘查权的法律保障。

　　长期以来遵循"合规性"控制的我国警察法学术惯性模式，虽然在形塑中国警察执法规范化上取得了有目共睹的成就，但在警察权限权的整体框架下尤其是应对日益复杂的公共安全挑战中，单纯人为的一味追求警察权的限缩，并非是一种理性的选择。警察权的大与小，首先取决于警察任务和警察目的是否能够顺利实现。进入21世纪，我国也一脚迈入了贝克所描述的世界性风险社会。贝克指出，在从阶级社会到风险社会的过渡阶段，基于过去"不平等"社会价值体系而来的是"不安全"的社会价值体系，"不平等"已经被"不安全"所取代，在风险社会的乌托邦，人们不再关心获取好的东西，而是去防止那些最糟糕的结果出现。如此阶级社会的这种驱动力量可以以一句话来总结：我饿了！相对地，会让风险社会启动的，则可以用如下的词表示：我害怕！〔1〕风险社会将成为人类另一新的里程碑。

贝克所谓的"风险社会"，界定的重心不是风险客观上的增多或加剧，而是说这种风险的日益显露在整个社会中造成的不安如何支配公共讨论与政治层面的决策，影响包括刑法、行政法（食药环法）、警察法、犯罪控制政策等在内的一系列制度与理论的走向。〔2〕"现代风险的特性决定风险社会中公共政策的基调：不是要根除或被动防止风险，也非简单考虑风险的最小化，而是设法控制不可欲的、会导致不合理的类型化危险的风险，并尽量公正地分配风险。"〔3〕风险社会理论与警察任务之间的关联点不是风险概念本身，而是"安全"问题，将"风险"的对立面——"安全"作为最高价值追求的公安机关，风险理论及其认知直接影响到新的现代性进程中警察保障安全的任务以及这种任务的实现方式。上文述及的反恐以及重大活动安保等领域中的预防性警察任务，与其说是警察任务的新发展，不如说是为了消除风险社会引致社会大众面对"不确定性"问题的焦虑，而在政治层面和公共政策层面对个人安全诉求进行回应投射在警察任务中的结果。

警察盘查权是警察权的一面镜子。将警察盘查的未来发展放到风险社会视阈中进行考察，探寻其未来发展趋势及理论范式框架，不仅仅有助于

---

〔1〕 ［德］乌尔里希·贝克：《风险社会：新的现代性之路》，张文杰、何博闻译，译林出版社2018年版，第7页。

〔2〕 劳东燕："风险社会与变动中的刑法理论"，载《中外法学》2014年第1期，第77页。

〔3〕 劳东燕："公共政策与风险社会的刑法"，载《中国社会科学》2007年第3期，第129页。

厘清警察盘查制度自身的问题，更重要的是能够为将具有抽象意义的警察权具象化，提供一个检视警察权发展趋势的生动范例，从这个意义上讲，对警察盘查权的研究价值远远超越了对其研究的本身。

一、风险社会的价值衡量：自由与安全的动态平衡

"风险既是我们生活的动力机制，也是我们面临的新两难困境的中心难题"，[1] 警察盘查恰好处于这个"两难"的中心：风险社会"自由"与"安全"一直处于动态偏移的过程中而难以进行静态化的"合规性控制"。恐怖主义是分析风险社会非常有效的样本，在恐怖主义威胁下，权利必须依据环境进行调整，我们必须在个人自由与国家安全之间找到一种实用主义的平衡。但风险来临时国家优先考虑的是迫在眉睫的情境，而非具体的规则，"人们想知道的不是自由比安全更重要或更不重要，人们想知道的是某个具体安全措施对自由的伤害是否比它促进的安全更多或更少"。[2] 风险社会的宪法若不能弯曲，就会折断，传统"自由至上论"在现代恐怖主义威胁下开始动摇，逐渐滑向侧重于安全的一端。

因此，风险社会颠覆了传统理论认知以及立基于此的最优化制度设计，为我们提供了审视人类社会多元风险的理论工具。人们认识到，在这个国家和社会的敌人更多也更危险的情况下，公共秩序受到的现实威胁使得"自由至上论"中自由与安全的既有平衡模式开始发生变化。即便是以"自由主义"价值观立国的美国，学界也认为限制公民自由、赞成行政裁量和统一指挥，以便政府更有效哪怕是更少负责任地运用巨大权力的迫切性也更大了。[3] 为应对这种风险，警察盘查的"危险预防"属性进一步得到强化，盘查的主动性得到现实正当性的支撑，充分展现了预防性警察

---

〔1〕［英］吉登斯：《第三条道路：社会民主主义的复兴》，郑戈译，北京大学出版社 2001 年版，第 196 页。

〔2〕［美］理查德·波斯纳：《并非自杀契约：国家紧急状态时期的宪法》，苏力译，北京大学出版社 2010 年版，第 33 页。

〔3〕［美］理查德·波斯纳：《并非自杀契约：国家紧急状态时期的宪法》，苏力译，北京大学出版社 2010 年版，第 7 页。

任务在风险社会中的理论认知与制度走向。比如美国就在"9·11事件"之后迅速立法，采取软化司法令状的限制，延长对犯罪嫌疑人的拘留时限，扩大警方的搜查、逮捕、窃听权等措施应对不确定的恐怖主义威胁。[1]此时，"民众对于高权干预行为的反弹可能性，会随着危险逐渐产生而下降，而个人因果责任则转化为风险的集体承担"。[2]

警察权与公民权作为公权力与私权利的代表，分别指向"自由"与"安全"这个天平的两端。人类法治发展的历史进程，就是希望能够将二者的平衡点确定在一种理想且精准的状态：公民自由权利范围略加扩大，就会导致公共安全的损失大于个人自由的增加，且公民自由权利略加压缩，就会导致个人自由的减少大于公共安全的增加，这个平衡点决定了这种权利的最佳范围。但在风险社会，自由与安全处于动态变化之中，实践中不可能把这个点精确下来。

因此，风险社会为我们提供了一个全新的思路，"风险"的大小成为衡量"自由"与"安全"这对相互竞争关系的价值工具，法院不要总是试图坚持"确定性"，更应关注具有不确定性的"风险"而非固守已经产生的现实"危险"。我们不知道不采取某个具体措施是否就会出现新的恐怖袭击，进而认为因为我们不确定该措施是否实际增加了安全，所以就应当在法律上禁止该措施，这种观点是错误的。同理，我们不能因为风险社会大部分警务活动的目的可能只是尽最大努力降低风险，而不是消除具有确定性的风险，就认为这些措施是没有道理的乃至于是违反基本法治原理的。

风险的"不确定性"呈现了传统"合规性"控制的困境：传统行政法是立基于以事件总体概观及事实与评价之区分上，如果缺乏这些要素，就无法达到传统模式下的决策理性，或未能达到所要求的决策理性程度。"于不确定状况下所作的决定，无法适用行政决定的明确性要求以及存续

---

〔1〕 陈晓济："警察权与公民权的平衡"，载《天府新论》2008年第1期，第11页。
〔2〕 ［德］施密特·阿斯曼：《秩序理念下的行政法体系建构》，林明锵等译，北京大学出版社2012年版，第111页。

力要求。"[1] 但风险社会的不确定性，恰恰导致自由与安全的平衡过程在事前的立法中缺乏一个"固定且精确"的着力点，其后的执法过程要么容易造成"过度干预"的后果，要么带来"保护不足"的问题。长期以来我们一直偏重于"过度干预"问题的解决，但风险社会"保护不足"的问题同样应该引起重视。传统公权力对公民权利的介入，首要的前提就是相关法律必须依据过去的知识经验，事前就应该对公权力发动的要件、程序等予以明确规定，以确保可预期性并能保证法律的安定性和反复适用性。因此，在制定该法律之前必须掌握其拟纳入规范现象（例如所欲防止之危险或风险）、拟规范对象（例如造成侵害之行为）以及其因果或交互作用历程，以确保立法之合理性与明确性。

但在风险社会人类的"无知"，可能会导致出现难以规范或无规范可用的情况，由此衍生的规范不确定、执法困难等问题直接催生风险社会的管制不足。依赖"确定性"规则控制的警察在风险即将发生时往往会无所适从，"当面对一头即将发动进攻的犀牛时，一动不动绝不是最佳选择。然而不幸的是，实际情况往往是这样的，人们真的就会一动不动"，[2] 这种面对风险的"一动不动"实际上使得对公民权利保护的不足成为一种极具可能的现实。

"法律作为规范应当符合正义观念，具有内在合理性的根据，既要有善的本质，也要回应社会需求"，[3] 风险社会为我们提供了自由与安全必须跟随社会环境进行动态调整的分析过程，为当前侧重"安全"价值的理论演进和分析工具提供了时代背景。当风险无处不在时，警察在与社会互动的过程中，必须在坚持保障人权的自身品质的同时，实现与社会整体的协调互动，通过预防性控制功能的发挥，实现对"安全"保障的警察使命

---

〔1〕 ［德］施密特·阿斯曼：《秩序理念下的行政法体系建构》，林明锵等译，北京大学出版社 2012 年版，第 153 页。

〔2〕 ［美］米歇尔·渥克：《灰犀牛：如何应对大概率危机》，王丽云译，中信出版集团 2017 年版，第 11 页。

〔3〕 倪春乐："'预防性'正义及其风险——中国反恐刑事立法审视"，载《上海政法学院学报（法治论丛）》2018 年第 2 期，第 101 页。

和任务。

二、风险管理的事前预防：传统犯罪的历史性解构与预防性犯罪控制兴起

从 20 世纪 90 年代开始，犯罪学同样注意到风险社会的发展对犯罪学解释方法的影响，由此开展了一系列相关探讨，其中以风险概念发展出来最有渗透力的公共政策是对犯罪者的预防性风险管理。

随着风险社会和智慧社会的不断深入，近年来违法犯罪更新换代趋势明显，犯罪内部形态正发生结构性变化。具体看，杀人、抢劫、绑架、涉枪、涉爆等严重暴力犯罪案件不断下降，侦破率不断上升，但有组织犯罪、毒品犯罪、电信诈骗犯罪、网络犯罪、涉众型集资诈骗犯罪、侵害妇女儿童权益犯罪等上升较快，暴力恐怖犯罪、个人极端暴力犯罪仍需重点防控。智慧社会财产走向数据化、数据日趋财产化，采用传统手段的盗窃、诈骗、抢劫、抢夺等侵财性犯罪日渐呈现智能化、数字化的特点。随着互联网和网上支付的快速发展，各类跨国性、跨界性、涉众型犯罪持续高发，这些违法犯罪隐蔽性强，存在防范难、取证难、打击难等问题。犯罪分子以互联网和鼠标为工具进行"点击犯罪"的情况日益普遍，犯罪成本和侦破率出现"双低"趋势，网络社会与现实社会的交织叠加不断增强，防控难度大，侧重街面犯罪防控为主的传统模式面临新的挑战。

同时，智慧社会时代大数据收集能力日益增强，数据计算分析能力和预测预防预警能力不断提升，犯罪控制越来越转向事前预警的逻辑。比如美国基于对性与暴力犯罪者的管理政策，思考的重点由结果的制止转向"该如何预防他们所引起的犯罪"，于是产生了事先预警机制，对被定位具有"性与暴力犯罪"危险的人采取某些预防措施。为了预防性侵害犯罪案件的发生，美国建立了完善的性犯罪人登记制度和公告制度，[1]以更有

---

〔1〕刘军："性犯罪记录之社区公告制度评析——以美国'梅根法'为线索"，载《法学论坛》2014 年第 2 期，第 85-91 页。

效地保障妇女与幼童的安全。

犯罪控制的事先预警逻辑，是从避免造成风险的阶段开始，到建立起安全机制为止的事先防制措施。特别是美国"9·11事件"之后，各国开始意识到在充斥着"不确定性"的风险社会中，如何合理有效地进行犯罪预防应成为犯罪学研究的重点。风险管理强调的是预测、认知及分析风险，进而采取必要的措施以降低或预防风险，而这也是犯罪预防的基本定义。风险预防是防患于未然的预警机制，强调的是如何预防以及控制犯罪的技术，相关警察任务优先放在辨认何为高危险犯罪者、被害者类型、高犯罪发生率的时间与地点，以及容易为犯罪者所利用的工具，而警察任务的重点则是密集监控或保护这些高危险类型，以阻断犯罪机会的方式预防犯罪，增进社会安全。风险社会犯罪控制的重点就是对基于大数据精算下的高危险类型、地点、行为与工具进行监控与干预，使风险降低或使风险重新分配，最终目的在于增强社会大众的安全感。[1]

传统犯罪控制的目的在于消极事后防止危害的再发生，并非事前积极进行风险预防和控制，也即危险防御的作用在于排除危险结果的发生，虽然会对产生风险的行为介入，但尚未进入对社会活动过程中所有可能产生风险因子的重要过程提前进行预防性管控的阶段。风险社会预防性犯罪控制逻辑使得犯罪成立的标准开始前移，基于对公众生命安全进行预防性保护的需要，"危险犯成为重要的犯罪形式大量地出现在公害犯罪中。现实的法益侵害不再是构成犯罪的必备要件。"[2]风险社会警察任务的首要议题，就是要改变传统危险防御消极事后管制的方式，确立积极主动的事前预防目的，并据以建立相关预防机制。比如犯罪学引入保险行业的"数理精算分析"方法以及"风险需求"的评估方式，[3]对犯罪的分析和评估并非考虑犯罪的原因，而是以降低风险管控为主要目标。在以风险为核

---

〔1〕 李佳玟：《在地的刑罚·全球的秩序》，元照出版有限公司2009年版，第11－13页。

〔2〕 劳东燕："公共政策与风险社会的刑法"，载《中国社会科学》2007年第3期，第131页。

〔3〕 ［加］詹姆斯·邦塔、D. A. 安德鲁斯："风险需求响应模式下的犯罪评估与矫正"，郭晶英译，载《山东警察学院学报》2018年第6期，第74页。

心的犯罪控制技术中，犯罪者与被害人的个别性并不重要，重要的是借由统计与评估的方式，辨认何为高危险犯罪者、何为经常发生犯罪的时间与地点，以及何为可能会被利用之工具，从而为预防性警察任务的实现提供技术支撑。

三、预防性警察权的理论变动与基本立场

在刑法学界，"风险刑法"抑或"安全刑法"的研究成为近年的热点问题，"以犯罪化、危险犯配置、安全价值优位、刑罚积极预防等为特征的预防性立法是集中具象"。[1] 预防性刑法在《刑法修正案（九）》以及我国反恐立法领域均有体现，风险社会成为激活刑法工具化机能与治理功能的重要诱因，引致传统刑法裂变并倒逼对刑法教义思考的深入。当前，"预防性刑法立法活动在近来刑法修正中相继有序展开，以积极预防为导向的刑法理念正在发展"。[2] 面向未来的预防性刑法理论体系必然会深刻影响警察执法的内容以及任务范围，但作为"犯罪预防与控制"第一道防线的警察机关，却缺乏对"预防性警务"或类似"风险警务"的理论争鸣和学术思考。警察行政法在风险社会研究中的"掉队"，不单影响警察任务和警察目的的实现，更为重要的是有可能消解风险刑法在当下的价值实现，在风险防控和犯罪控制上，警察权与刑法规制只有保持同步状态，才能充分发挥"预防性"规制作用。

当前中国，在新的历史条件下防范化解重大风险的任务十分艰巨，作为维护国家安全和社会稳定重要力量的公安机关，在面对意识形态领域风险、颜色革命风险、恐怖主义风险、非法宗教渗透、涉黑毒瘤、金融领域涉网贷平台和"套路贷"利益受损群体风险、公共安全风险等诸多领域风险时，如何防范化解重大风险隐患，如何提高维护社会稳定能力，如何维

---

〔1〕 高铭暄、孙道萃："预防性刑法观及其教义学思考"，载《中国法学》2018年第1期，第166页。

〔2〕 高铭暄、孙道萃："预防性刑法观及其教义学思考"，载《中国法学》2018年第1期，第167页。

护国家政治安全和政权安全，成为当前异常迫切的警察任务。风险社会预防性警察权的实现，必然会突破传统"合规性"控制的窠臼，发展出适应社会发展和中国实际的预防性警察权理论。根据风险社会风险刑法、预防行政以及"新行政法"的理论研究，笔者尝试梳理预防性警察权的理论属性。

第一，预防性警察权的目的更强调警察任务和职能的高效实现，最终实现保障安全的根本任务。保障警察任务的高效实现并不必然带来高度保障警察权的意涵，也不意味着必然带来警察权失范、公民权受侵犯的结果。警察权基本原则中"效率原则"的加入并非一定带来对程序背后正义的背叛，效率原则本身就内涵于行政法之中且具有自身独立性，"在程序和效率两者的关系中，程序要依赖于效率才有存在的价值，而效率与之相反，有着独立存的价值。之所以这样说，是因为行政法制各个环节上都要讲求效率。比如行政立法要讲效率，行政执法实践对效率的要求更是理所当然的"。[1]中国已经基本建立起法治国家原则下警察权规范运行的制度和社会基础，警察任务和目标的高效实现、效率原则在警务中的正式注入，并非必须依赖行政集权或侵犯人权来实现。但可以确定的是，保障高效警察任务的实现必定意味着警察行政法学应当更加面向警察任务实现中的现实问题，打破"绝对控权"的抽象化、极端化和内卷化局面。

第二，风险预防原则在警察权中的确立。风险社会干预措施的提前意味着对传统法治治理的改变，国际社会逐渐认识到需要一种新的理念来支撑这种改变。"风险的不确定性造成恐惧，恐惧程度决定安全边际，正是在安全边际的基础上形成预防原则"，[2]风险预防原则从环境法领域发端后逐步拓展，引起越来越多的国家在更广泛范围内的关注，目前风险预防原则在欧盟各国已经形成共识，并最早在法国将风险预防原则融入国内

---

〔1〕 关保英："论行政程序的效率价值"，载《湘潭工学院学报（社会科学版）》2000年第2期，第56页。

〔2〕 陈兴良："'风险刑法'与刑法风险：双重视角的考察"，载《法商研究》2011年第4期，第14页。

法，当前风险预防原则无论是在国家层面还是在国际层面都取得了政治和法律上的提升。风险预防原则作为法律工具，融合了权力、举证责任、假设、谨慎的处理方式以及比例原则等典型的法律机制，日益成为各国行政法学上的重要概念。[1] 预防性警察任务中的风险预防原则，既是风险社会落实宪法上保障人身权和财产权精神的结果，也是消弭私法自助性、救济局限性的现实考虑，更是危险"迫切性"的必然要求。作为承担安全保障任务的警察行政，风险预防原则理应是警察任务中一项重要的基本原则。风险社会警察公共性原则松动、传统充满"防御性"的公权与私权的二元划分日益成为制约风险社会警察任务和警察目的实现的负面因素。自由法治国基于对公权力的警惕和防范，逐步确立了以私生活自由和不干涉私权争执为核心的警察公共性原则，但风险社会不介入私权事实上使得很多情况下的警察的安全保障任务几乎难以实现，其结果往往会背离警察保障民权的本质。风险社会警察公共性原则的理论变动并不会带来对公民私生活的全面介入，紧急情况下"无授权的行动并不必然损害一项权利"，[2] 况且"合规性"控制下我们对如何规训警察权已然得心应手，比如设定启动的前提条件：危险的现实急迫性、介入的辅助性与被动性等，均能有效解决上述隐忧。

第三，警察组织、警察行政、警察管理等研究应积极适应并形塑有助于预防性警务实现的组织架构、行政规则和管理制度。警察目的和警察任务的实现应是警察行政的核心，警察组织、警察行政、警察管理应围绕警察任务的实现进行调整。考察我国近年来有影响力的警务机制改革，[3] 警察组织架构都是改革的重点，这些改革虽然兼顾了警察任务的实现，但

---

〔1〕 高秦伟："论欧盟行政法上的风险预防原则"，载《比较法研究》2010年第3期，第63页。

〔2〕 [美]理查德·波斯纳：《并非自杀契约：国家紧急状态时期的宪法》，苏力译，北京大学出版社2010年版，第10页。

〔3〕 比如2005年黑龙江大庆市撤销辖区内所有派出所，将原有的5个分局增设成20个公安分局；2010年在前期试点的基础上，同年11月，河南省公安厅决定在全省18个省辖市全部撤销公安分局；2016年12月，浙江省公安厅宣布在试点成功的基础上在全省全面推进大部门大警种制改革。

警察任务绝不是改革最主要和最直接的目的，不以警察任务实现为目标的组织改革、行政改革和管理改革，实难触及警务机制的核心要义。预防性警察任务既为上述改革设定了目标，改革的程度又成为预防性警察任务实现的重要支撑，从这种意义上讲，警务改革必须朝向警察任务的转向。

第四，相对"面向司法的行政法"而言，风险社会"面向行政的行政法"应有自己的一席之地，在此基础上对警务活动的司法审查必须从注重和便利"结果型"的审查转向"过程性"审查，从"形式法治"迈向"实质法治"，这也是新行政法发展的一个趋势。针对此问题的研究现已较为充分，本书不再赘述。

第五，统合性警察概念将重新焕发理论价值。有学者认为，统合性的警察概念有助于确定法律保留原则的适用范围，能够为判断行政裁量权收缩提供类型化标准，能够为行政权介入私法领域注入正当性要素，并有助于塑造宪法判断的基准，有必要在公法及公法学体系中重新引入统合性的警察概念。[1] 鉴于警察概念演进过程中已经完全实定法化的现实和对"警察国家"的道德恐惧，若要重新引入统合性警察概念恐怕并不现实，但以风险警务、预防警务等语词代替统合性的警察行政，或许是一种可以接受的选择。

以上分析主要基于对传统警察行政法的反思和对风险社会预防性警察任务的回应，未能对预防性警察任务及其引致的理论变动进行全景式展现。但通过理论的牵引、假设、综合和论证，可以看出预防性警察权塑造的并非是一个不受制约的高权性、侵权性和危险性的警察角色形象，而是一个在法治框架下处于风险交织的复杂社会环境中，既能高效实现警察保护和预防任务，又能以人民为中心以保障民权为目标的负责任的执法者形象。它所导向的是基于对传统警察行政法反思之后面向未来的新型警察权的基本理论立场。

---

〔1〕　陈鹏："公法上警察概念的变迁"，载《法学研究》2017 年第 2 期，第 24 页。

主要参考文献

一、著作类

1. 《马克思恩格斯选集》(第四卷),人民出版社 1972 年版。

2. [德] 黑格尔:《小逻辑》,贺麟译,商务印书馆 1980 年版。

3. 《汉书·王莽传》。

4. 《唐会要》卷 86《关市》。

5. 《明史·职官志》。

6. 《明史·兵志一》。

7. 《明令典·巡捕》。

8. 《明令典·步军营》。

9. 《旧唐书》卷 44《职官志三》。

10. 《湘报》第 126 号,光绪二十四年六月版。

11. 《钦定大清会典事列·都察院·五城》。

12. 马端临:《文献通考》(卷十二·职役考一)。

13. 陈寿:《三国志》,中华书局 1999 年版。

14. "内政部警政司"编:《中国警察行政》,商务印书馆 1935 年版。

15. 梁启超:《戊戌政变记》,中华书局 1954 年版。

16. 李士珍:《警察行政之理论与实际》,中华警察学术研究社 1948 年版。

17. 朱绍侯主编:《中国古代治安制度史》,河南大学出版社 1994 年版。

18. 中国社会科学院法学研究所法制史研究室编:《中国警察制度简论》,群众出版社 1985 年版。

19. 张家山二四七号汉墓竹简整理小组编：《张家山汉墓竹简［二四七号墓］》，文物出版社 2001 年版。

20. 沈宗灵主编：《法理学》，高等教育出版社 1994 年版。

21. 林达：《历史深处的忧虑》，生活·读书·新知三联书店 2013 年版。

22. 林新奇编：《绩效考核与绩效管理》，对外经济贸易大学出版社 2011 年版。

23. 缴济东：《英国、美国警察的盘查权力》，载赵可主编：《国外警学研究集粹》，中国人民公安大学出版社 1999 年版。

24. 惠生武：《警察法论纲》，中国政法大学出版社 2000 年版。

25. 顾敏康：《逮捕、搜查与扣押的宪法问题：美国的经验教训》，法律出版社 2009 年版。

26. 傅士成：《行政强制研究》，法律出版社 2001 年版。

27. 陈晋胜：《警察法学概论》，高等教育出版社 2000 年版。

28. 陈晓济：《警察行政强制法律制度研究》，中国政法大学出版社 2011 年版。

29. 林明锵：《警察法学研究》，新学林出版股份有限公司 2011 年版。

30. 李佳玟：《在地的刑罚·全球的秩序》，元照出版有限公司 2009 年版。

31. 陈新民：《行政法学总论》，三民书局 1998 年版。

32. 陈新民：《德国公法学理论基础》，山东人民出版社 2001 年版。

33. 王家俭：《清末民初我国警察制度现代化的历程（1901—1928）》，我国台湾地区"商务印书馆" 1984 年版。

34. 林钰雄：《刑事诉讼法》（上册　总论编），中国人民大学出版社 2005 年版。

35. ［英］维克托·迈尔-舍恩伯格、肯尼斯·库克耶：《大数据时代》，盛杨燕、周涛译，浙江人民出版社 2012 年版。

36. ［英］罗伯特·雷纳：《警察与政治》，易继苍、朱俊瑞译，知识产权出版社 2008 年版。

37. ［英］吉登斯：《第三条道路：社会民主主义的复兴》，郑戈译，北京大学出版社 2001 年版。

38. ［日］大桥洋一：《行政法学的结构性变革》，吕艳滨译，中国人民大学出版社 2008 年版。

39. ［美］唐纳德·J. 布莱克：《法律的运作行为》，唐越、苏力译，中国政法大学出版社 2004 年版。

40. ［美］乔纳森·H. 特纳：《社会学理论的结构》，吴曲辉等译，浙江人民出版社

1987 年版。

41. ［美］米歇尔·渥克：《灰犀牛：如何应对大概率危机》，王丽云译，中信出版集团 2017 年版。

42. ［美］劳伦斯·M. 弗里德曼：《法律制度——从社会科学角度观察》，李琼英、林欣译，中国政法大学出版社 1994 年版。

43. ［美］博西格诺：《法律之门》，邓子滨译，华夏出版社 2002 年版。

44. ［美］理查德·波斯纳：《并非自杀契约：国家紧急状态时期的宪法》，苏力译，北京大学出版社 2010 年版。

45. ［美］托马斯·索维尔：《美国种族简史》，沈宗美译，中信出版社 2011 年版。

46. ［法］米海依尔·戴尔玛斯-马蒂：《刑事政策的主要体系》，卢建平译，法律出版社 2000 年版。

47. ［法］米歇尔·福柯：《规训与惩罚：监狱的诞生》，刘北成、杨远婴译，生活·读书·新知三联书店 1999 年版。

48. ［德］乌尔里希·贝克：《风险社会：新的现代性之路》，张文杰、何博闻译，译林出版社 2018 年版。

49. ［德］施密特·阿斯曼：《秩序理念下的行政法体系建构》，林明锵等译，北京大学出版社 2012 年版。

50. ［德］克劳思·罗科信：《刑事诉讼法》，吴丽琪译，法律出版社 2003 年版。

51. 陈允文：《中国的警察》，商务印书馆 1935 年版。

52. ［日］田口守一：《刑事诉讼法》，刘迪等译，法律出版社 2000 年版。

53. ［美］理查德·B. 斯图尔特：《美国行政法的重构》，沈岿译，商务印书馆 2011 年版。

二、论文类

1. 朱新力、梁亮："公共行政变迁与新行政法的兴起"，载《国家检察官学院学报》2013 年第 1 期。

2. 朱芒："中国行政法学的体系化困境及其突破方向"，载《清华法学》2015 年第 1 期。

3. 周佑勇："裁量基准的技术构造"，载《中外法学》2014 年第 5 期。

4. 周雪光："国家治理逻辑与中国官僚体制：一个韦伯理论视角"，载《开放时代》

2013 年第 3 期。

5. 周雪光："运动型治理机制：中国国家治理的制度逻辑再思考"，载《开放时代》2012 年第 9 期。

6. 陈晓济："1988—2008：对我国警察学研究的初步检视"，载《福建论坛》2009 年第 2 期。

7. 中国人权研究会："美国根深蒂固的种族歧视问题凸显'美式人权'的虚伪"，载《人民日报》2019 年 7 月 27 日，第 7 版。

8. 郑曦："论警察的盘查权"，载《行政法学研究》2012 年第 4 期。

9. 张正宇、Adrianna Michel："德国预防性警察行为相对人研究——特别考察来自伊斯兰世界的'危险者'"，载《欧洲法律评论》2019 年第 4 期。

10. 余凌云："游走在规范与僵化之间——对金华行政裁量基准实践的思考"，载《清华法学》2008 年第 3 期。

11. 余凌云："警察调查权之法律控制——在宪法意义上的进一步追问"，载《南京大学法律评论》2002 年第 1 期。

12. 余凌云："对不确定的法律概念予以确定化之途径——以警察盘查权的启动条件为例"，载《法商研究》2009 年第 2 期。

13. 杨文登、叶浩生："社会科学的三次'科学化'浪潮：从实证研究、社会技术到循证实践"，载《社会科学》2012 年第 8 期。

14. 徐玉峰："谈提高交巡警街面盘查实效"，载《公安学刊·浙江公安高等专科学校学报》2003 年第 6 期。

15. 徐静："查验居民身份证的合法性根据考证及解析"，载《福建警察学院学报》2013 年第 4 期。

16. 熊进："论哲学社会科学创新评价的科学化"，载《武汉大学学报（人文科学版）》2010 年第 2 期。

17. 伍劲松："论行政法上禁止不当结合原则"，载《西南政法大学学报》2004 年第 4 期。

18. 吴邦国："在形成中国特色社会主义法律体系座谈会上的讲话"，载《中国人大杂志》2011 年第 2 期。

19. 魏建华："人民警察的盘问留置权研究"，上海交通大学 2007 年硕士学位论文。

20. 微视点："人民警察应当如何依法查验居民身份证"，载《现代世界警察》2016 年第 10 期。

21. 王晓儒："大数据技术助推公安行政裁量的完善——基于北京市公安行政处罚的实证研究"，载河北省委法治办、河北省政府法制办、河北省法学会：《依法行政和法治政府建设——第九届法治河北论坛论文集》（上），2018 年。

22. 王锡锌："英美传统行政法'合法性解释模式'的困境与出路——兼论对中国行政法的启示"，载《法商研究》2008 年第 3 期。

23. 王春娟："科层制的涵义及结构特征分析——兼评韦伯的科层制理论"，载《学术交流》2006 年第 5 期。

24. 万毅："论盘查"，载《法学研究》2006 年第 2 期。

25. 沈岿："监控者与管理者可否合一：行政法学体系转型的基础问题"，载《中国法学》2016 年第 1 期。

26. 尚念华："留置盘问制度研究"，中国政法大学 2007 年硕士学位论文。

27. 秦前红、石泽华："监察委员会调查活动性质研究——以山西省第一案为研究对象"，载《学术界》2017 年第 6 期。

28. 欧迪："我国警察留置盘问权适用问题研究"，东北师范大学 2019 年硕士学位论文。

29. 倪春乐："'预防性'正义及其风险——中国反恐刑事立法审视"，载《上海政法学院学报（法治论丛）》2018 年第 2 期。

30. 闵丰锦："保障人权视阈下的身份证查验研究"，载《西部法学评论》2016 年第 6 期。

31. 苗爱军："论警察盘查理由及其证明标准"，载《公安研究》2006 年第 7 期。

32. 梅传强、童春荣："总体国家安全观视角下的预防性反恐研究——以十九大报告为切入点"，载《现代法学》2018 年第 1 期。

33. 马志文："警察盘查权实证研究"，烟台大学 2019 年硕士学位论文。

34. 吕乃基："大数据与认识论"，载《中国软科学》2014 年第 9 期。

35. 罗豪才、宋功德："科学发展的公法回应——通过公法均衡化推动中国社会发展科学化"，载《中国法学》2007 年第 6 期。

36. 卢建平："智慧社会的犯罪治理"，载《人民法院报》2019 年 1 月 2 日，第 2 版。

37. 刘雪立等："中国社会科学研究国际化现状"，载《科学学研究》2014 年第 6 期。

38. 刘小荣："治安盘查对象的识别与接近"，载《云南警官学院学报》2016 年第 1 期。

39. 刘文欢："德国反恐法的合宪性控制"，载《湖北警官学院学报》2012 年第 10 期。

40. 刘茂林："警察权的现代功能与宪法构造难题"，载《法学评论》2017 年第 1 期。

41. 刘军："性犯罪记录之社区公告制度评析——以美国'梅根法'为线索"，载《法学论坛》2014 年第 2 期。

42. 林来梵："卧室里的宪法权利"，载《法学家》2003 年第 3 期。

43. 李洪雷："中国行政法（学）的发展趋势——兼评'新行政法'的兴起"，载《行政法学研究》2014 年第 1 期。

44. 李栋："手机'刷脸'盘查，快！人脸识别抓疑犯，准！"，载《广州日报》2017 年 4 月 28 日，第 A15 版。

45. 黎慈："继续盘问制度的实施困境与变革"，载《江西警察学院学报》2014 年第 2 期。

46. 劳东燕："公共政策与风险社会的刑法"，载《中国社会科学》2007 年第 3 期。

47. 康大民等："治安巡逻中的盘查"，载《公安大学学报》1992 年第 1 期。

48. 蒋勇："从合规性到正当性：我国警察法治体系的重塑——基于'新行政法'理论的展开"，载《中南大学学报（社会科学版）》2017 年第 2 期。

49. 蒋勇："何以'内卷化'：我国警察权控制格局的审视——一种政治社会的视角"，载《东方法学》2016 年第 5 期。

50. 姜明安："行政法基本原则新探"，载《湖南社会科学》2005 年第 2 期。

51. 黄臻睿："老城厢第一代警察"，载《新民晚报》2015 年 10 月 25 日，第 B11 版。

52. 黄学贤："行政法中的比例原则简论"，载《苏州大学学报（哲学社会科学版）》2001 年第 1 期。

53. 胡人斌、郭建华："公安检查站查控基本理论建构"，载《山东警察学院学报》2018 年第 6 期。

54. 胡建刚："英国警察盘查制度研究"，载《吉首大学学报（社会科学版）》2012 年第 3 期。

55. 何荣功："'预防性'反恐刑事立法思考"，载《中国法学》2016 年第 3 期。

56. 赵杰："美国厄尔·沃伦法院的历史贡献"，载《南都学坛（哲学社会科学版）》2008 年第 1 期。

57. 关保英："论行政程序的效率价值"，载《湘潭工学院学报（社会科学版）》2000 年第 2 期。

58. 高一飞、林国强："论盘查的法治化"，载《河南科技大学学报（社会科学版）》2007 年第 1 期。

59. 高文英："我国警察盘查权运行及其理论研究现状"，载《中国人民公安大学学报（社会科学版）》2006 年第 4 期。

60. 高文英："人民警察任务探究——以《人民警察法》的修改为视角"，载《中国人民公安大学学报（社会科学版）》2015 年第 5 期。

61. 高秦伟："论欧盟行政法上的风险预防原则"，载《比较法研究》2010 年第 3 期。

62. 高铭暄、孙道萃："预防性刑法观及其教义学思考"，载《中国法学》2018 年第 1 期。

63. 高鸿钧："法律移植：隐喻、范式与全球化时代的新趋向"，载《中国社会科学》2007 年第 4 期。

64. 高峰："比较法视野下的盘查措施"，载《现代法学》2006 年第 3 期。

65. 甘翃："论盘查"，四川大学 2007 年硕士学位论文。

66. 冯建平："公益与私益的衡量：论比例原则及其在行政审判中的适用"，载《法律适用》2006 年第 5 期。

67. 杜文勇："论危险状态下公民生命权的保护——'超级玛丽'案的启示"，载《江淮论坛》2010 年第 1 期。

68. 邓子滨："路检盘查的实施依据与程序监督"，载《法学研究》2017 年第 6 期。

69. 程喜霖："护照与签证功能合一的过所"，载《文史知识》1992 年第 8 期。

70. 陈玉龙："公共政策评估的演进：步入多元主义"，载《青海社会科学》2017 年第 4 期。

71. 陈兴良："'风险刑法'与刑法风险：双重视角的考察"，载《法商研究》2011 年第 4 期。

72. 陈新民："德国行政法学的先驱者——谈德国 19 世纪行政法学的发展"，载《行政法学研究》1998 年第 1 期。

73. 陈晓济："重大活动安保法治化路径构建"，载《中国人民公安大学学报（社会科学版）》2020 年第 2 期。

74. 陈晓济："警察权与公民权的平衡"，载《天府新论》2008 年第 1 期。

75. 陈晓济、王金鑫、胡人斌：《公安行政强制》，中国人民公安大学出版社 2013 年版。

76. 陈甦："体系前研究到体系后研究的范式转型"，载《法学研究》2011 年第 5 期。

77. 陈鹏："公法上警察概念的变迁"，载《法学研究》2017 年第 2 期。

78. 陈丽芳："路检盘查程序的法治化之维"，载《佳木斯职业学院学报》2019 年第 5 期。

79. 陈慧君、李浩："我国盘查权规范化路径的反思与再选择"，载《中国人民公安大学学报（社会科学版）》2019 年第 1 期。

80. 陈炳辉："福柯的权力观"，载《厦门大学学报（哲学社会科学版）》2002 年第 4 期。

81. 艾明："从显性到隐性：论我国盘查制度的功能"，载《中国人民公安大学学报（社会科学版）》2009 年第 5 期。

82. 王琛、周彬："大数据时代的警务模式改革"，载《中国人民公安大学学报（社会科学版）》2018 年第 4 期。

83. ［加］詹姆斯·邦塔、D. A. 安德鲁斯："风险需求响应模式下的犯罪评估与矫正"，郭晶英译，载《山东警察学院学报》2018 年第 6 期。

84. 劳东燕："风险社会与变动中的刑法理论"，载《中外法学》2014 年第 1 期。

85. 郑善印："警察临检法制问题之研究"，载《刑事法杂志》2002 年第 5 期。

86. 许文义："警察临检勤务之研究——从法律观点以论"，载《警学丛刊》第 20 卷第 2 期。

87. 李震山："论行政管束与人身自由之保障"，载《警政学报》1995 年第 26 期。

88. 曾吉丰："日本警官职务执行法关于盘查之规定"，载《警学丛刊》第 20 卷。

89. 蔡庭榕："论警察拦检之法规范"，载《警察职权法制学术研讨会论文集》，2004 年。

90. "警察权探微之二：盘查"，载中国社会科学网，http://www.cssn.cn/fx/fx_fjgg/201402/t20140227_1005144.shtml。

91. "从种族到阶级：为什么美国黑人会这么愤怒？"，载澎湃新闻，https://www.thepaper.cn/newsDetail_forward_7668361。

92. "上海警方通报'警察绊摔女子'事件：涉事民警记大过处分"，载人民网，http://legal.people.com.cn/n1/2017/0902/c42510-29511198.html。

93. "人在车中睡，案从天上来——一场盘查引发的刑案"，载搜狐网，https://www.sohu.com/a/379096342_120130046。

94. "如何建设立体化、信息化社会治安防控体系"（政法院校校长解读习近平总书记关于加强和创新社会治理重要指示专栏文章之四），载中国长安网，http://www.chinapeace.gov.cn/2016-10/19/content_11373656.htm。

95. "岐山刑警办案错认嫌疑人 3 名涉事民警正接受调查"，载华商网，http://news.hsw.cn/system/2014/05/13/051925800.shtml。

96. "理念引导、数据支撑、创新驱动，切实提高预测预警预防各类风险能力"（政法院校校长解读习近平总书记关于加强和创新社会治理重要指示专栏文章之六），载中国长安网，http://www. chinapeace. gov. cn/2016-10/21/content_ 11374126. htm。

97. "上海警方通报绊摔抱娃女子事件处理结果：涉事民警行政记大过"，载中青在线，http://news. cyol. com/content/2017-09/03/content_ 16464119. htm。

98. "专家称盘查网吧上网的'有前科者'违法"，载网易新闻，http://tech. 163. com/10/1013/01/6IRAVK76000915BF. html。

三、外文文献

1. Walker, S. , *The Police in America*: *An Introduction.* Mc Graw-Hill Book Company, 1983.

2. Tim Legrand, Simon Bronitt, *Policing the G20 protests*: "*Too much order with too little law" revisited*, Queensland Review, Volume 22.

3. Supreme Court of the United States: (Cite as: 392 U. S. 1, 88 S. Ct. 1968) John W. TERRY, Petitioner, V. STATE OF OHIO. No. 67. Argued Dec. 12, 1967. Decided June 10, 1968.

4. Supreme Court of the United States: John W. TERRY, Petitioner, V. STATE OF OHIO (Cite as: 392 U. S. 1, 88 S. Ct. 1968), http://www. soc. umn. edu/~ samaha/cases/terry%20v%20ohio. html.

5. Michael Zander, "The Police and Criminal Act 1984", London Sweet& Maxwell 1990.

6. Kilman, Johnny and George Costello eds. , *The Constitution of the United States of America*: *Analysis and Interpretation.* GPO. 2006.

7. Herbert L. Packer, Two Models of the Criminal Process, *University of Pennsylvania Law Review*, November, 1964.

8. H. Wollmann. Policy Evaluation and Evaluation Research, in F. Fischer, G. Miller and M. Sidney eds. , *Handbook of Public Policy Analysis*: *Theory*, *Politics and Methods*1, CRC Press, 2007.

9. Nathan Eagle, Kate Greene, *Traffic Data*, *Crime Stats and Closed-Circuit Cameras*: *Accumulating Urban Analytics*, MIT Press, 2014.

10. U. S. Supreme Court: TERRY v. OHIO, 392 U. S. 1 (1968) 392 U. S. 1.

11. Cf. Russell L. Weaver, "Investigation and Discretion: The TerryRevolution at Forty (Almost)" (2004-2005) 109 Penn State Law Review 1215.

12. Fourth Amendment to the United States Constitution, http://en. wikipedia. org/wiki/Fourth_ Amendment_ to_ the_ United_ States_ Constitution.

13. Earl Warren, http://en. wikipedia. org/wiki/Earl_ Warren.

14. Atwater v. Lago Vista, http://en. wikipedia. org/wiki/Atwater_ v. _ City_ of_ Lago_ Vista.

15. Stop and Search Manual 20, www. thamesvalley. police. uk/stopandsearch _ intermanual. pdf.

16. Home Office, Stop and Search Manual, http://library. college. police. uk/docs/homeoffice/ stopandsearch-intermanual1. pdf.

17. Elianna Spitzer: *Florida v. Bostick*: *Supreme Court Case*, *Arguments*, *Impact*: *Are random bus searches a violation of the Fourth Amendment*? https://www. thoughtco. com/florida-v-bostick-4769088.

18. Carroll v. United States, 267 U. S. 132 (1925), https://supreme. justia. com/cases/federal/us/267/132/.

后 记

　　警察盘查普通得似乎没有研究的空间和必要，这种几乎时刻发生的"街头警务"，只要不出现严重的后果，执法警察和被查问的民众，可能都不是很在意，很难成为警察学研究的显学和热点。

　　早在 2010 年，我在对中国转型期暴力袭警以及警民冲突深层次原因的课题研究中，就发现警察盘查过程中引起的警民冲突比例一直较高，成为侵犯公民权利案件发生的高发领域，由此也引起我对警察盘查这一普通执法行为的关注。

　　但在进一步关注警察盘查制度后发现，现有关于盘查制度的研究可曰丰富，也可曰单薄。丰富的是相关论文尤其是硕士论文对警察盘查进行了比较全面系统的研究，单薄的是这些研究基本上都遵循了同样的范式：几乎所有关于警察盘查的研究必然会围绕盘查权滥用及其法律规制的思路展开，对警察盘查的批判和指责似乎成为学者的一种"集体选择"和"政治正确"，最后的结论也非常统一：那就是必须要限制警察盘查的适用，必须限制警察权的扩张，只有这样才能更好地保护公民的正当权利。

　　一叶知秋。学界对盘查权的这种研究现状和研究结论又何尝不是整个警察权或是警察学研究的一种投射！过往对警察权的研究思路与对警察盘查的研究如出一辙，结论与路径也大同小异，警察盘查研究就是我国警察权研究的具体投射。

　　为什么会出现这种状况和结论？限制了警察权就一定会带来公民权的

保障吗？二者真的是"此消彼长"的关系吗？限制的边界又在哪里？在恐怖主义威胁仍然存在、风险社会已经到来的今天，被驯服的警察权能够满足警察任务和警察职能这种制度设计的目的吗？对这些问题的进一步追寻，让我意识到对警察盘查问题的研究不仅不是没有意义的事情，相反，这种基于问题导向式的研究能够为我们提供一个拨开层层迷雾、更加真实审视我国警察权的难得样本。管中窥豹，可见一斑！这才是本书最终得以面世的最主要动因。

深受西方经典法学理论影响的一代学者，在对警察行政的研究中，自觉不自觉地用西方法学尤其是西方行政法学的标尺来丈量我国警察行政中的诸多问题，有意无意之间忽视了中国的诸多常识性问题。常识虽然简单、普遍，却并不是粗浅的、没有价值的知识，我国警察权乃至于警察学研究，必须扎根于中国常识和中国大地。

仰望星空和脚踏实地其实并不矛盾，回归常识和扎根大地也并非是对世界其他文明的有意视而不见。需要说明的是，并非因我本人是警察院校的一名研究者，就遵循"为警察代言"的原则鼓吹警察权的扩张，相反，我本质上仍是一名"限权派"。但在与一线警察的对话中，我能深切地体认到，在很多问题上，学者的认知与警察的认识之间似乎存在一个永远不可弥合的鸿沟，这种鸿沟似乎在法学家和法官之间并不存在，在其他学科的研究和实践中似乎也不存在，唯有警察学界和警察执法实务界显得异常明显。为什么会出现这种状况？一定是哪里出了问题。

本书的研究并非是试图挑战既已形成的学术惯性，我深知自己还没有这种挑战的能力和勇气。即使是在当前世界各国警察权都得到不同程度扩张的时代背景下，试图从传统合规性控制的既有范式中抽离出警察权力扩张的现实正当性，也具有相当的学术风险。本书中的基本观点，我自认得出的唯一标准就是自己内心的真实感知和基于现实的实事求是的判断，除此之外，并无其他考虑。

从 2010 年我对警察盘查问题的初步关注，到 2011 年《警察行政强制法律制度》的出版（该书也约略介绍了警察盘查制度），再到 2020 年该书的最终完成，信息科技赋能传统警务，警务实践发生了天翻地覆的变化，警察盘查也正在经历历史性的变革。该书当初诸多设想被推倒重来，这也带来写作进度的滞缓，但另一方面，过程的推迟使得我能够有机会进一步更好把握未来警察盘查的发展脉搏，对相关问题的描述可能也会更为精确。可以预见，智慧警务将成为世界警务中的一场革命，必定带来包括盘查在内的整体警务机制的根本性变革。可喜的是，我国在这场警务革命中没有落后，甚至成为很多领域的先行者和引领者，能够参与、见证这场警务革命，是警察研究者的一件幸事，若能为这场革命添砖加瓦，则幸甚至哉！

对我个人来讲，从 2010 年的初步思考到 2020 年最终成书，过程的漫长背后并不是扎实的研究和十年磨一剑的坚守，主要还是由于我自身懒怠造成的拖延，正是这种懒怠和拖延，十年里有很多自认为洋洋得意的想法只是开了一个头，就永远等不来完结。十年时间不长也不短，但这十年无论是我个人人生的发展还是学术观点的磨砺，都是关键的十年。十年时间，我从而立之年迈进不惑之列，如今依然挣扎于人到中年的不易与彷徨中。十年之间，我从满头黑发到现在的"地中海"凸显，从一名丈夫"晋级"为一名父亲，从一名专心教学和写写文字的教师再次步入校园成为一名攻读博士学位的学生，从一名以教学为主的专任教师到一名以行政为主的兼任教师……人的一生，年龄、身份与角色会不断地发生变化，酸甜苦辣咸可能也会不断轮回，但责任是唯一不变的永恒。

感谢我的家人！岳父母总是在我工作中稍想退缩时给我以鼓励和支持，对我的家庭和孩子成长的辛勤付出，常常让我觉得无以回报；感谢妻子汪宇萍从大学的相识到现在的一直相伴，22 年前在她人生最美好的阶段就陪伴我一起度过，让我倍感幸福和幸运，她对孩子成长投入的心血时时让我这名父亲感到惭愧，工作同样繁忙的她，对辅导孩子学习付出的努力乃至于这一过程对身心的"摧残"让我既感心疼，又倍感无奈；儿子陈致格是上天赐予的礼物，他的童年只有一次，有时对他的大声呵斥乃至体罚常让我倍感懊悔，希望他能被温柔对待，尤其是近年来工作的繁忙让我似乎日益缺乏对儿子成长的耐心等待，我真的很想陪他一起慢慢长大，就像牵着蜗牛去散步；感谢我的哥嫂和姐姐，他们对年迈母亲的细心照料让我这个不能在母亲身边尽孝的游子既心生内疚，又能安心在杭工作；感谢我的导师沈开举教授和李永超、郑磊等老师，不断在我学术成长的路上加油鼓劲；感谢我的领导和同事，在工作上不断给我指引和支持……

如果说这本书是我挑灯夜战的一个小小成果，我愿意献给他们！

陈晓济

2020 年 9 月 10 日定稿于钱塘春晓